Rudolf Grulich
›Ethnische Säuberung‹ und Vertreibung
als Mittel der Politik im 20. Jahrhundert

Rudolf Grulich

›Ethnische Säuberung‹ und Vertreibung

als Mittel der Politik im 20. Jahrhundert

2. Auflage
Internationales Institut
für Nationalitätenrecht und Regionalismus
1999

ISBN 3-9806626-0-8

Postfach 340161, D-80098 München

Druck: Funk-Druck GmbH, Eichstätt

Inhalt

Vorwort zur 2. Auflage 6
Einleitung 7

Die Legende von den Balkankriegen:
Es begann bereits 1864 11
Der Russisch-Türkische Krieg 1877/78 und die Folgen 18
Die Balkankriege 1912 und 1913 22
Der Erste Weltkrieg 28
Der Vertrag von Lausanne 31
Die kleinasiatische Tragödie 38
Betrogenes Volk«: Das Schicksal der Armenier 41
Ein vergessener Holocaust.
Die Vertreibung und Vernichtung der christlichen Assyrer 53
Griechenlands Wahn von der »Großen Idee« 55
Hitlers Holocaust 58
Die Kumpanei Hitlers und Stalins 60
Stalins Völkermord durch Vertreibung 65
Die humane Aussiedlung 1945 70
Papst Pius XII. zur Vertreibung 73
Die deutschen Bischöfe zur Vertreibung 78
Vertriebenenseelsorge 83
Die Konferenz von Potsdam 86
50 Jahre danach: Aus der Geschichte nichts gelernt 89

Wenn Sie mehr zum Thema Vertreibung wissen wollen:
Kleine kommentierte Bibliographie 99
Anmerkungen 103

Erklärung zur Gründung und zu den Zielen des
Internationalen Instituts für
Nationalitätenrecht und Regionalismus 106

Die Eskalierung der Ereignisse im Kosovo und die neuen Ströme von Vertriebenen und Flüchtlingen haben die Aktualität dieses Büchleins gezeigt und in kurzer Zeit eine Neuauflage notwendig gemacht. Schon 1977 hat das INTEREG mit Entwürfen einer Europäischen Volksgruppen-Charta, später auch mit Regionalistischen Leitsätzen und 1997 mit der Charta gentium et regionum auf die Notwendigkeit der Schaffung eines Europäischen Volksgruppenrechtes hingewiesen.
Wir können nur hoffen, daß die Erschütterungen des Krieges 1999 dazu weitere Anstöße geben.

Prof. Dr. Josef Stingl
Vorsitzender des INTEREG

Einleitung

Der Begriff *»Ethnische Säuberung«* gehört zu den neuesten Unworten dieses Jahrhunderts, wie wir sie von Diktatoren faschistischer und bolschewistischer Prägung her kennen. Auch das Wort *»Endlösung«* ist eines davon.
Als Neuschöpfung fehlt der Begriff *»ethnische Säuberung«* als Stichwort noch in unseren Lexika, ebenso wie es lange dauerte, ehe das Wort *»Vertreibung«* in unsere Nachschlagewerke Eingang fand.
So fehlen im Großen Herder der Ausgabe von 1935 in Band 12 noch die Stichworte *»Vertreibung«* oder *»Vertriebene«*, ebenso in der 6. Auflage des Staatslexikons.
Die erste Nachkriegsauflage des Großen Herder hat 1956 im Band 9 nur ein Stichwort *»Vertriebene«* und definiert diese als *»dt. Staats- und Volkszugehörige, die ihren Wohnsitz im Gebiet östlich der Oder-Neiße-Linie od. außerhalb des Dt. Reiches nach dem Stand vom 31.12.1937 hatten und ihn in Auswirkung des 2. Weltkrieges infolge Vertreibung (Ausweisung, Flucht) verloren haben«.*

Vertreibung also ein deutsches Nachkriegsproblem?

Im Band *»Staat und Politik«* des Fischerlexikons von 1957 suchen wir vergeblich nach einem solchen Stichwort, selbst im Register taucht das Wort *»Vertreibung«* nicht auf. Der von Golo Mann und Harry Proß herausgegebene Band Außenpolitik des gleichen Fischer-Lexikon (Bd. 7) läßt uns ebenfalls vergeblich nach *»Vertreibung«* suchen, doch findet der Aufmerksame dort unter dem Stichwort *»Minderheiten«* Statistiken, die besagen, daß seit 1912 annähernd 70 Millionen Menschen als *»Flüchtlinge, Ausgewiesene, Umgesiedelte, Verschleppte, Emigranten«* betroffen waren. Selbst als 1993 die Bundeszentrale für politische Bildung ein von dem Heidelberger Politikwissenschaftler Dieter Nohlen konzipiertes *»Wörterbuch Staat und Politik«* herausgab, wurde dort unter 211 Beiträgen von 137 verschiedenen Autoren ein Artikel *»Vertreibung«* nicht aufgenommen.

So greift man dankbar zur 7. Auflage des Staatslexikons, das nunmehr unter *»Flucht und Vertreibung«* dieses Phänomen als *»so alt wie die Menschheitsgeschichte«* charakterisiert, aber auch feststellt, daß *»zu Beginn des 20. Jh. jedoch der extreme Nationalstaatsgedanke zu Unterdrükkung von Völkern und Volksgruppen in einem bis dahin nicht gekannten Ausmaß«* führte (Band 2, 620).

Auf den folgenden Seiten dieser Publikation sollen einige Vertreibungstragödien des letzten Jahrhunderts wenigstens kurz skizziert werden. Es sind Skizzen und Hinweise, oft auch nur Mosaiksteinchen eines Geschehens, das in diesem Jahrhundert monumentale Ausmaße hat und leider immer noch andauert.

In dem bibliographischen Nachwort finden Sie Hinweise auf die reiche Literatur zu diesem Thema.

Ich habe eine erste kurze Fassung dieses Beitrags 1995 für den Katalog der Ausstellung *»Odsun«* des Sudetendeutschen Archivs in München geschrieben und diese Ausführungen seitdem bei verschiedenen Gelegenheiten und jeweils an den Zuhörerkreis adaptierten Fassungen bei Feiern zum 50. Jahrestag der Vertreibung vorgetragen. Die damalige Lage in Bosnien und Kroatien bot anschauliche Beispiele der Gegenwart. Aufgrund mancher Diskussionen und Anregung von Mitgliedern der sudetendeutschen Akkermann-Gemeinde und vor allem ihres Generalsekretärs Franz Olbert ist diese Veröffentlichung entstanden. Sie soll anregen, sich mehr als bisher mit dem Problem der Vertreibung als einem immer noch gebrauchtem Mittel zeitgenössischer Politik zu beschäftigen, oder besser: diese Kapitel sollten motivieren, gegen jede Vertreibung vorzugehen und jeden Befürworter einer Vertreibung zu ächten.

Leider haben Vertreibungen und ethnische Säuberungen auch nach dem Ende der Kampfhandlungen in Bosnien kein Ende genommen. Trotz des Vertrages von Dayton vom Jahre 1995, der die Rückkehr aller Vertriebenen vorsah, ist dies auch drei Jahre danach nur in sehr bescheidenem Ausmaß erfolgt. Im Frühjahr 1998 begann dann die Tragödie auf dem Kosovo zu eskalieren. Die Weltöffentlichkeit hatte hingenommen, daß schon im Herbst 1991 nach den serbischen Angriffen auf Kroatien die Kosovo-Kroaten aus ihren Siedlungen wie Janjevo oder Letnica vertrieben worden waren, außerdem Zehntausende von Muslimen im Sandzak und ebenso viele Albaner im Kosovo. Aber auch als 1998 der Krieg im Kosovo offen ausbrach und eine Viertelmillion Menschen heimatlos wurde, waren sich die Politiker noch immer nicht einig, konsequent zu handeln. *»Es* *darf kein zweites Bosnien geben«,* hieß es immer wieder, obgleich die Zerstörung albanischer Dörfer und die Flüchtlingstrecks bosnische Dimensionen angenommen hatten.

»Menschenrechte achten, Vertreibung ächten« muß unsere Antwort darauf sein, eine Forderung, welche gerade das INTEREG (Internationales Institut für Nationalitätenrecht und Regionalismus) seit seiner Gründung 1977 stets erhoben hat.

Wenn der österreichische Dichter Franz Grillparzer vor eineinhalb Jahrhunderten befürchtete, aber auch voraussah, daß der Weg der europäischen Bildung von der Humanität über die Nationalität zur Bestialität führen werde, so hatte er leider recht.
Vertreibungen waren (und sind) leider auch noch 1998 möglich, nicht nur in der Praxis fanatischer Vertreter ethnisch angeblich reiner Nationalstaaten, sondern auch in der stillschweigenden Duldung durch andere europäische Staaten, die zwar genügend politische Interessen, aber keine ethischen Prinzipien mehr haben. Über die unselige Tradition dieses Geschehens seit dem 19. Jahrhundert berichtet dieses Buch.

Königstein, Dezember 1998

Rudolf Grulich

Die Legende von den Balkankriegen: Es begann bereits 1864

Die endgültige Zurückdrängung der Osmanischen Türkei aus Europa durch die beiden Balkankriege in den Jahren 1912/13 gilt als der Beginn von Massenumsiedlungen mit dem Ziel ethnisch reiner Gebiete in diesem Jahrhundert.

Dies entspricht nicht den Tatsachen, denn wir können und müssen wenigstens ein halbes Jahrhundert weiter zurückgehen, um Beispiele aufzuzeigen, die den Vertreibern von 1912 bereits zum Vorbild dienten: Sowohl die russische Eroberung des Kaukasus in den Jahren bis 1864 als auch die Kriege Rußlands und seiner Balkan-Verbündeten 1878 gegen die Türkei führten bereits zu echten Vertreibungen und Aussiedlungen in großem Ausmaß.

Schon der Slawenkongreß 1848 in Prag hatte letztlich Vertreibungen gefordert, wenn er eine Zielsetzung verbreitete, derzufolge *»neben allen Türken aus Europa, allen Italienern vom Ostufer der Adria und allen Finnen von der karelischen Nase bei Petersburg alle Millionen Deutschen östlich der Isthmuslinie Triest – Stettin vertrieben werden sollten.«*
Wilfried Schlau stellt dazu fest: *»Es entbehrt nicht einer gewissen Pikanterie, daß den schärfsten Protest gegen diese Forderungen und Pläne damals ausgerechnet Karl Marx und Friedrich Engels in ihren Artikeln für die NEW YORK DAILY TRIBUNE erhoben.«*
Der gleiche Autor zitiert dann noch Marx aus der »Neuen Oderzeitung«: *»Panslawismus ist eine Bewegung, die ungeschehen zu machen strebt, was eine Geschichte von tausend Jahren geschaffen hat, die sich nicht verwirklichen kann, ohne die Türkei, Ungarn und eine Hälfte Deutschlands von der Karte Europas wegzufegen, die, sollte sie diese Resultate erreichen, ihre Dauer nicht sichern kann, außer durch die Unterjochung Europas.«*

Rußlands blutiger Krieg gegen das kleine Tschetschenien hat seit Jelzins Angriffsbefehl 1994 die Erinnerung an die Vertreibungs-Schicksale von Kaukasusvölkern wieder lebendig werden lassen, zumal das kleine Volk der Tschetschenen nun schon das dritte Mal von Vertreibung und Auslöschung bedroht ist.
Flugzeug- und Schiffsentführungen russischer Fahrzeuge durch Türken tschetschenischer Abstammung erinnerten

in den letzten Jahren daran, daß das Bewußtsein jener Vertreibung bei den Nachkommen auch nach 130 Jahren noch lebendig ist.

In Europa hatte im 19. Jahrhundert das Schicksal dieser Vertriebenen aus dem Kaukasus ein großes Echo hervorgerufen, hatte aber leider ebenso wie 1992 in Bosnien zu keinem politischen Handeln geführt. Hauptbetroffene waren damals im Jahre vor allem 1864 die Tscherkessen, die auch Zirkassier (Circassiens, Circassi, Circassians, Tscherkesses) genannt werden und wie die Tschetschenen zur kaukasischen Sprachfamilie gehören.
Sie waren zum Teil von Georgien aus christianisiert worden, hatten dann aber unter dem Druck der Türken zu Beginn der Neuzeit den Islam angenommen und waren fanatische Vertreter der Lehre Mohammeds geworden. In Europa waren die Tscherkessen seit Jahrhunderten als mutiges Kriegervolk bekannt, unter deren Namen man auch andere Kaukasusstämme subsumierte.
Englische, deutsche und französische Reisende der ersten Hälfte des 19. Jahrhunderts haben sie in ihren Reiseberichten wegen ihrer Kühnheit rühmend beschrieben. In den Werken des jugoslawischen Nobelpreisträgers für Literatur, Ivo Andric, werden sie oft genannt (so ist zum Beispiel der Pascha in der Erzählung *»Die Geliebte des Veli Pascha«* ein Tscherkesse), ja sogar im *»Bettelstudenten«* des Komponisten Millöcker werden sie erwähnt.

Bis zur Unterwerfung durch die Russen in der Zeit nach dem Krimkrieg bewohnten sie die Küstengebiete des östlichen Schwarzen Meeres und des westlichen Kaukasus. Sie besaßen also wichtige strategische Positionen in den langen Kämpfen zwischen dem Russischen und dem Osmanischen Reich, dem sie lange unterstanden. Trotz des verlorenen Krimkrieges gelang es seit 1858 dem zaristischen Rußland, den Kaukasus schrittweise zu besetzen und den erbitterten und heldenmütigen Widerstand der dortigen Völker und Stämme zu brechen.

Im Krimkrieg (1853–1856) hatten sich die westlichen Mächte noch gegen Rußland gestellt. Die Hilferufe der Kaukasusvölker nach dem Frieden von Paris blieben aber ungehört, obgleich tscherkessische Deputationen Dokumente mit der Bitte um Hilfe bei den Botschaftern an der Hohen Pforte überreichten. Der Plan einer Seeblockade der Kaukasusküste durch England und Frankreich kam nicht zur Ausführung, obwohl die Propaganda der Westmächte dazu lautstark war. Daher blieben auch die Rebellen im Kaukasus, ungeachtet einiger Hilfe im Kriegsgeschehen, ihrem Geschicke überlassen. Das Russische Reich konnte in mehreren Feldzügen die freiheitsliebenden Bergstämme unterwerfen, soweit sie nicht, wie die Tscherkessen, es vorzogen, in die Türkei auszuwandern.

1862 hatten die Tscherkessen und die mit ihnen verbündeten Stämme noch einige militärischen Erfolge im Krieg mit Rußland gehabt, hatten sogar eine russische Einheit aufgerieben, Forts und Stanitzen erobert, ehe der Wechsel im russischen Oberbefehl die Wende brachte. Der neue Oberbefehlshaber Großfürst Mihail konnte am 2. Juni 1864 dem Zaren melden: *»Ich habe das Glück, Ew. Majestät zur Beendigung des ruhmvollen Kaukasischen Krieges meine Glückwünsche abzustatten – gegenwärtig existiert im Kaukasus kein einziger nicht unterworfener Volksstamm mehr.«*

Während also jeder Widerstand erstarb und sich einige Völker fügten, zogen sehr viele Tscherkessen die Emigration vor. Die Emigration wurde von Rußland so begünstigt, daß sie stellenweise den Charakter einer Deportation bekam. Eine Million Menschen sollen damals den Kaukasus verlassen haben, aber nicht vielmehr als die Hälfte kam in Trapezunt und den Schwarzmeerhäfen an. Seuchen und Hunger wüteten fürchterlich unter den Auswanderern und Flüchtlingen und viele der schlecht gebauten Schiffe hielten die Überfahrt über das Schwarze Meer nicht aus.

Die damalige Literatur spricht durchwegs von Tscherkessen, aber es waren auch Osseten, also Angehörige eines iranischen Volkes, unter den Aussiedlern, sowie Tschetschenen und der ganze Stamm der sprachlich mit den Tscherkessen verwandten Ubychen. Die Ubychen sind heute in der Türkei beinahe zur Gänze in Türken und Tscherkessen aufgegangen. Nur in den zwei Dörfern Haci Osman Köy und Haci Yakup Köy im Hinterland von Izmit, dem alten Nikomedien, wird das Ubychische noch verstanden, das neben A. Dirr vor allem der Franzose G. Dumezil in seinen Werken der Nachwelt bewahrte.

Die Vertriebenen, die überhaupt Hunger und Seuchen überlebten, wurden von der Osmanischen Regierung im ganzen Reich angesiedelt, so daß diese Tscherkessen heute noch in allen Nachfolgestaaten der Sultansherrschaft von Jugoslawien bis Saudi-Arabien zu finden sind. Diese Ansiedlung war ebenfalls mit gewaltigen Verlusten verbunden, da das zerrüttete türkische Staatswesen einer solchen Aufgabe nur schwer gewachsen war und weiterhin Seuchen und Krankheiten die Umsiedler dezimierten. Zwar gaben der Sultan und seine Minister aus ihren Privatschatullen große Beträge für den vom »*Courrier de l'Orient*« angeregten tscherkessischen Unterstützungsfond, auch England schickte Zwieback von Malta aus in die Schwarzmeerhäfen, aber bevor die ersten Ansiedlungsbezüge in die einzelnen osmanischen Territorien vor allem auf den Balkan gingen, lagen z. B. allein im Schwarzmeerhafen Samsun neben 60 000 Einwohnern fast 50 000 Tscherkessenleichen.

Die Zahl der Tscherkessen und anderer Kaukasusvölker, die damals in die europäische Türkei kam, ist schwer zu bestimmen, da die zeitgenössischen Angaben wie für alle Nationalitäten des Osmanischen Reiches sehr schwanken. F. Kanitz schrieb 1865 in der Österreichischen Revue: »*Die tscherkessische Einwanderung in Europa betrug nach der offiziellen türkischen Staatszeitung schon im Juli (1864) 20 000 (70 000 Seelen). Hiervon gingen 5000 bis 6000 Familien über Burgas nach Adrianopel und Eslimie, 13 000 Familien über Warna nach Sumala in die Ejalet von Silistria und Vidin, 12 000 Familien in die Statthalterschaften von Nis und Sophia (von diesen etwa 12 000 Köpfe in der Nähe des berühmten Kossovofeldes und bei Pristoma) und 10 000 Familien nach Sistov, Nikopoli, Ruscuk und in die Dobrudza. Die Ausschiffung tscherkessischer Kolonisten hatte in den Donauhäfen erst im August ihr Ende erreicht. Die Gesamtzahl der in denselben Gelandeten wird auf 150 000 bis 200 000 Köpfe veranschlagt.*
Nach russischen Angaben waren aus dem Kaukasus wenige Monate noch vor dessen selbständiger Unterwerfung 60 000 Personen emigriert. In den Jahren 1855, 1859, 1862 und 1863 betrug die Zahl der Ausgewanderten 80 000. Mit jener im Jahre 1864 überstieg bereits die Gesamtsumme 400 000 Personen beider Geschlechter und zu Jahresschluß wurde in Konstantinopel die vorbereitete Auswanderung neuer Stämme, darunter jene des Fürsten Michail von Abchasien mit 40 000 Seelen gemeldet.«

Offizielle türkische Behörden nannten im Juni 1864, dem Monat Mouharrem 1281 des islamischen Kalenders, in einem Bericht an den Großvezir eine Zahl von über 595 000 Tscherkessen, von denen der größte Teil zu diesem Zeitpunkt bereits wieder endgültig angesiedelt war. Die Zeitschrift »*The Illustrated London News*« gab 1876 ebenfalls eine Zahl von 595 000 Tscherkessen für die europäische Türkei an und 400 000 weitere für den asiatischen Teil. Leouzon le Duc zählt bereits kurz nach 1854 eine halbe Million Tscherkessen in der Europäischen Türkei. Diese Zahl soll sich bis 1864 auf 700 000 vergrößert haben und aufgrund neuerer Aussiedler bis 1867 noch einmal um 500 000 gestiegen sein. Zahlenangaben von einer Million tscherkessischer Einwanderer in die Türkei finden wir auch bei H. A. Daniel in seinem Handbuch der Geographie, das allerdings davon nur 595 000 auf Europa verteilt, während Ernst Dottain in der *Revue des Géographie* 1878 von einer Million *»zerstreut in Bulgarien, Rumänien und Albanien«* spricht. Andere Autoren halten diese Zahlenangaben viel niedriger. Fr. Bradaska aus Agram spricht in *»Petermanns Mittheilungen«* 1869 von über 400 000, ebenso A. Hummel in seinem Handbuch der Erdkunde. Eine viertel Million nennt ein anonymer Autor in seiner Denkschrift *»Die Projekte zur Lösung der Orientfrage«*. Andere Quellen sprechen 1876 nur noch von 144 000, was wohl auf die Zweisprachigkeit der Tscherkessen zurückzuführen ist, die alle das Türkische beherrschten und deshalb wegen ihrer Religion von Reisenden oft für Türken gehalten wurden.

Wie für die ganze europäische Türkei sind auch die Zahlenangaben der Tscherkessen für einzelne Länder, z. B. für Bulgarien, sehr schwankend. Auf 300 000, das heißt 75 000 Familien, schätzt sie der britische Konsul Mr. Harris-Gastrell in einem Schreiben an Sir A. Buchanan vom 16. September 1876. Nur die Hälfte davon nimmt Attilio Brunalti in seinem *»Neuen Bulgarien«* an. Das gleiche tut E. H. Kilian in *»Frazer's Magazine«,* während der italienische Vizekonsul Perrod in seinem Rapport vom 20. September 1864 nur 100 000 angab. In der *»Neuen italienischen Encyklapädie«* des Professors Gerolamo Boccardo lesen wir nur von »90 000 Cirkassi«, in den *»Illustrated London News«* 1878 gar nur von »65 000 Circassians«.

Nach dem Russisch-Türkischen Krieg von 1877/78 begann für die auf den Balkan umgesiedelten Tscherkessen ein neuer Exodus. Mit den Türken und den Muhaciren, d. h. muslimischen Rückwanderern, zogen sie in die der Hohen Pforte nach dem Berliner Kongreß verbliebenen Gebiete und wurden bis Syrien und Jordanien hinab verteilt.

Sie haben sich auf dem Gebiet des alten Osmanischen Reiches bis heute gehalten. In Europa finden wir noch einige Hundert Tscherkessen in Nordgriechenland und im südlichen Jugoslawien auf dem Amselfeld nördlich von Pristina, wo sich die Prager Universität um die Aufzeichnung ihrer Sprache bemühte. In der europäischen Türkei erinnern Ortsnamen wie Çerkesköy (Tscherkessendorf) an der Bahnlinie von Edirne nach Istanbul an sie. In der asiatischen Türkei sind sie verstreut in allen Landesteilen zu finden, ja es gibt nach einem Wort eines tscherkessischen Autors keine Provinz, in der keine Tscherkessen leben. Kompakter siedeln sie noch bei Manisa in der Nähe von Izmir sowie bei Adapazari auf dem Wege von Istanbul nach Ankara. Ihre genaue Zahl ist schwer zu fassen, da sie sich einerseits den Türken assimilierten, andererseits aber noch heute viele Tscherkessen ähnlich wie die Armenier im Nahen Osten in die Sowjetunion zurückwanderten. Die Zahlenangaben für die Tscherkessen in der heutigen Türkei schwanken zwischen 45 000 und zwei Millionen.

In der Sultanstürkei spielten die Tscherkessen eine große Rolle, da sie als Mohammedaner die Türken gleichberechtigt waren. Sie stellten Gouverneure, Paschas und Wesire, von denen etwa 400 in einer türkischen Biographie von Hassan Fehmi der Nachwelt bekannt geworden sind. Der 1913 verstorbene erste Novellist der neuen Osmanischen Literatur, Ahmet Mithat, war Tscherkesse, desgleichen der Vater der modernen türkischen Dichtung, Fikret Tevfik (1867 bis 1915), dessen Büste im Garten des Galata-Serails steht. Seine *»Fischer«* erschienen 1916 auch in einer deutschen Ausgabe. Ömer Seifudin (1884 bis 1920), von Panislamisten wie Panturanisten gleichermaßen gehaßt, muß als türkischer Prosaiker rein tscherkessischer Abstammung hier ebenso genannt werden sie der Romancier und Diplomat Yakub Kadri Karaosmanoglu, der unter anderem türkischer Botschafter in Tirana, Prag und Bern war und dessen Roman *»Yaban«* (Der Fremdling) wie viele seiner Erzählungen in deutscher Übersetzung erschien.

In Syrien wurden die Tscherkessen *»an der ganzen Wüstengrenze von Aleppo bis Damaskus«* (Franz Caucig) angesiedelt. Heute findet man sich noch in Mansura, um Mambidj und in Quneitra, das 1967 von den Israelis besetzt und im Nahostkrieg 1973 wieder umkämpft wurde. In Damaskus trägt noch ein Stadtviertel im Norden der Stadt ihren Namen. Im Gegensatz zur Türkei heben sich die Tscherkessen in den arabischen Ländern noch deutlich von der einheimischen Bevölkerung ab. In Syrien werden sie auch von den Arabern nicht allzu gern gesehen, da sowohl die Türken als auch später die französische Besatzungsmacht Tscherkessen gegen die Araber einsetzte. Es gibt aber in der heutigen syrischen Armee viele tscherkessische Offiziere, ja man findet sie bis in höchste Regierungsspitzen.

Auch in Jordanien findet man Tscherkessen in eigenen Siedlungen, wie etwa in Wadi Sir oder in Djerash, bei den berühmten Ruinen von Gerasa am Wege von Damaskus nach Amman. In Amman gibt es Tscherkessen in größerer Anzahl seit dem Russisch-Türkischen Krieg 1878. Im jordanischen Parlament haben sie heute Anrecht auf zwei Abgeordnete. Der tscherkessische Klub in Amman unterhält eine Abendschule und druckte eine Reihe tscherkessischer Bücher, unter anderem auch von Shaban Kube, dem talentiertesten Dichter der Adyge. Außer in Amman wurden seine Werke auch in Syrien und im Libanon aufgelegt, sowie vor seiner Emigration auch in der Sowjetunion.

»In einer Welt der großen Völker und der Assimilation werden die Tscherkessen vielleicht in wenigen Jahrzehnten ganz vergessen sein. Dann wird man ihren Namen nur noch aus der Operette kennen, wo es im ›Bettelstudenten‹ heißt: ›Ich liebelte bei den Tscherkessen mit hübschen Fraun des Kaukasus‹. Nur die Dobrudschadeutschen werden ihren Kindern erzählen, wie schwer ihre Vorfahren unter den Tscherkessen litten, aber auch sie werden vielleicht nicht mehr daran denken, daß es sich nicht nur um Raubende, sondern letztlich um ein unglückliches Volk handelte, das einmal dem Osmanischen Reich tapfere Regimenter stellte, ein Volk, das aber auch von zaristischem und sowjetischem Imperialismus um seine Existenz gebracht wurde«, schrieb der Autor dieses Beitrages 1974 in einem Beitrag über die Tscherkessen.

Heute hat das Erwachen der Volksgruppen aber auch die Tscherkessen erfaßt, die sich seit einigen Jahren nicht nur in der Türkei, sondern auch unter den türkischen Gastarbeitern in Deutschland zu organisieren beginnen und damit beweisen, daß vertriebene Volksgruppen auch 125 Jahre nach ihrer Aussiedlung noch ein Volksgruppenbewußtsein haben können und um ihr Überleben als ethnische Gruppe mit eigener Sprache, Tradition und Kultur zu kämpfen bereit sind.

Der Russisch-Türkische Krieg 1877/78 und die Folgen

Wir haben das tscherkessische Vorspiel für dieses Jahrhundert deshalb so ausführlich behandelt, weil bereits nach einem weiteren Jahrzehnt der Krieg Rußlands mit der Türkei in den Jahren 1877 und 1878 erneut eine Reihe von Vertreibungen mit sich brachte und davon neben verschiedenen anderen Völkern auch die gerade erst im Osmanischen Reich angesiedelten, aus dem Kaukasus vertriebenen Tscherkessen wiederum betroffen waren.

Die Osmanische Türkei war ein klassischer Vielvölkerstaat, wie es auch die Donaumonarchie der Habsburger war. Der Niedergang und Zerfall des *»kranken Mannes am Bosporus«* im 19. Jahrhundert und die Auflösung des Osmanischen Reiches nach dem Ersten Weltkrieg schufen in ähnlichem Ausmaß neue nationale Konfliktherde und Vertreibungsgebiete wie die Zerschlagung der Habsburgermonarchie in Südost- und Ostmitteleuropa.
Die Konflikte um Palästina, den Libanon, Kurdistan und Zypern zeugen davon. In diesen Krisenregionen müssen überall bis heute Flüchtlinge und Vertriebenen für politische Ungerechtigkeiten der Zeit nach dem Ersten Weltkrieg und für die egoistischen Ziele Englands und Frankreichs büßen.

Bereits die ständigen Gebietsverluste der Hohen Pforte seit dem gescheiterten zweiten Vorstoß der Türken im Jahre 1683 vor Wien ließen die in Ungarn seit 1526 in den Städten ansässige türkische Bevölkerung zurückfluten. Ihr schlossen sich in der Folgezeit slawische und albanische Muslime an, die um ihrer Religion willen den Exodus wählten.

Trotz der langen osmanisch-türkischen Herrschaft waren die Balkanländer stets slawisch, albanisch, griechisch und rumänisch geblieben. Nur in Mazedonien und Bulgarien war es zur massiven Ansiedlung einiger Hunderttausender echter Türken aus Kleinasien gekommen.

Nach 1878 ging der Abzug der Türken und Muslime vor allem aus Bosnien und Bulgarien weiter und erreichte in den Balkankriegen 1912/13 bzw. 1923 nach dem Vertrag von Lausanne einen Höhepunkt.

Während Österreich und Ungarn in dem 1878 okkupierten, von Wien und Budapest gemeinsam verwalteten und erst 1908 annektierten Gebiet von Bosnien und Herzegowina die dortigen Muslime anerkannten, war in Serbien und Montenegro die Vertreibung und Aussiedlung der Türken so total, daß sie schon damals als *»ethnische Säuberung«* bezeichnet werden kann.
Belgrad war im 19. Jahrhundert noch eine Stadt mit muslimischem Aussehen. Von Dutzenden von Moscheen ist aber im 20. Jahrhundert nur eine einzige geblieben.

Wo nicht systematisch vertrieben wurde, wanderten die Muslime in Massen aus. Allein bis zu den Balkankriegen dürfte diese Zahl mehr als 400 000 betragen haben.
Diese Auswanderungen erfolgten überall unter massivem Druck der neuen souveränen Staaten Rumänien, Serbien, Montenegro und Bulgarien, obwohl die Berliner Verträge von 1878 ebenso wie der Friede von Paris 1856 schon die Frage des Schutzes ethnischer und religiöser Minderheiten aufgeworfen hatten.

In der Dobrudscha, die 1878 an Rumänien kam, ist die kleine Volksgruppe der Dobrudschadeutschen in enge Berührung mit Türken, Tataren und Tscherkessen gekommen, die dann bis 1940 ein ähnliches Schicksal erlitten wie ihre dobrudschadeutschen Landsleute.
Türken und Tataren wurden zum größten Teil in die Türkei umgesiedelt, während die Dobrudschadeutschen »freiwillig« nach einem Umsiedlungsvertrag zwischen Bukarest und Berlin »heim ins Reich« kehrten.

1895 und 1896 kam es in der Türkei zu Pogromen gegen die Armenier, ebenso im Jahre 1908, die Hunderttausenden das Leben kosteten und ebenso viele Angehörige dieses Volkes zur Flucht ins Ausland trieben. Es war bereits das Vorspiel zur endgültigen Armeniertragödie, die dann 1915 begann. Schon 1894 wurden in der ostanatolischen Provinz Bitlis Tausende von Armeniern durch reguläre türkische Regimenter und irreguläre kurdische Einheiten abgeschlachtet. Als europäische Konsuln und christliche Missionare dagegen protestierten und ein westliches Eingreifen zugunsten der Armenier forderten, stimmte der Sultan in Konstantinopel zwar den Botschaftern gegenüber Reformen zu, doch seine eigentliche Antwort auf die europäische Einmischung waren neue Pogrome und Vertreibungen in vielen Landesteilen Türkisch-Armeniens, die zur Abschlachtung von 200 000 Armeniern, der Zwangsislamisierung vieler Dörfer und zur Plünderung und Einäscherung Hunderter armenischer Siedlungen führte. Solche Massaker und Vertreibungen fanden in den Städten und Bezirken Bitlis, Erzerum, Trapezunt, Van, Marasch, ja sogar in Konstantinopel statt, wo innerhalb von nur zwei Tagen 6000 Armenier ermordet wurden. Insgesamt wurden damals Hunderte armenischer Kirchen zerstört, eine halbe Million Menschen vertrieben.

Europa wußte davon, da schon damals Dr. Johannes Lepsius von der »Deutschen Orient-Mission«, der uns bei der Armeniertragödie von 1915 noch einmal begegnen wird, eine Dokumentation dieser Verbrechen erstellte.

Wie wenig sich aber damals die christlichen Mächte engagierten, zeigt eine Aussage des Orientalisten Albert Socin, der im »Grenzboten« 1896 schrieb: *»Nur durch wirkliches Zusammenhalten könnten die christlichen Mächte die Türkei dazu zwingen, tatsächlich ihre inneren Verhältnisse so zu ordnen, daß solche Greuel nicht wieder vorkämen. Den Diplomaten kann es freilich gleichgültig sein, ob irgendwo in der Ferne so und so viele wertlose Menschen hingeschlachtet oder dem Hungertode preisgegeben werden; der Diplomat hat bloß zu verhindern, daß daraus größere Verwicklungen zwischen den europäischen Mächten entstehen.«*

Die national gemischte Gemengelage damals bis zur Zeit vor dem Ersten Weltkrieg in der osmanischen Türkei und in ganz Südosteuropa ersehen wir aus den Kindheitserinnerungen des Literaturnobelpreisträgers Elias Canetti. Er bekam den höchsten Literaturpreis für sein deutschsprachiges Werk, stammte aber aus dem Gebiet des heutigen Bulgarien und war mit spanischer Muttersprache aufgewachsen.

»Rustschuk, an der unteren Donau, wo ich zur Welt kam, war eine wunderbare Stadt für ein Kind, und wenn ich sage, daß sie in Bulgarien liegt, gebe ich eine unzulängliche Vorstellung von ihr, denn es lebten dort Menschen der verschiedensten Herkunft, an einem Tag konnte man sieben oder acht Sprachen hören. Außer den Bulgaren, die oft vom Lande kamen, gab es noch viele Türken, die ein eigenes Viertel bewohnten, und an dieses angrenzend, lag das Viertel der Spagnolen. Es gab Griechen, Albanesen, Armenier, Zigeuner. Vom gegenüberliegenden Ufer der Donau kamen Rumänen. Eine Amme, an die ich mich aber nicht erinnere, war eine Rumänin. Es gab, vereinzelt, auch Russen. Als

Kind hatte ich keinen Überblick über diese Vielfalt, aber ich bekam unaufhörlich ihre Wirkung zu spüren. Manche Figuren sind mir bloß in Erinnerung geblieben, weil sie einer besonderen Stammesgruppe angehörten und sich durch ihre Tracht von anderen unterschieden. Unter den Dienern, die wir im Laufe jener sechs Jahre im Hause hatten, gab es einmal einen Tscherkessen und später einen Armenier. Die beste Freundin meiner Mutter war Olga, eine Russin.«
So schreibt Canetti in seinem Buch »Die gerettete Zunge. Geschichte einer Jugend«.

Selbst ihm als Schriftsteller *»wird es schwerlich gelingen, von der Farbigkeit dieser frühen Jahre in Rustschuk, von seinen Passionen und Schrecken eine Vorstellung zu geben... Die übrige Welt hieß dort Europa, und wenn jemand die Donau hinauf nach Wien fuhr, sagte man, er fährt nach Europa. Europa begann dort, wo das türkische Reich einmal geendet hatte. Von den Spagnolen waren die meisten noch türkische Staatsbürger. Es war ihnen unter den Türken immer gut gegangen, besser als den christlichen Balkanslawen. Und da viele unter den Spagnolen wohlhabende Kaufleute waren, unterhielt das neue bulgarische Regime gute Beziehungen zu ihnen, und Ferdinand, der König, der lange regierte, galt als Freund der Juden.«* Interessantes weiß Canetti auch über die Umgangssprachen zu berichten: *»Meine Eltern untereinander sprachen deutsch, wovon ich nichts verstehen durfte. Zu den Kindern und allen Verwandten und Freunden sprachen sie spanisch. Das war die eigentliche Umgangssprache, allerdings ein altertümliches Spanisch, ich hörte es auch später oft und habe es nie verlernt. Die Bauernmädchen zu Hause konnten nur Bulgarisch, und hauptsächlich mit ihnen wohl habe ich es auch gelernt. Aber da ich nie in eine bulgarische Schule ging und Rustschuk mit sechs Jahren verließ, habe ich es bald vergessen.«*

Aber auch von Armeniern, Zigeunern und Türken berichtet Canetti aus dieser Zeit. Die Großmutter kam aus Adrianopel, dem heutigen Edirne: *»Von allen Verwandten war sie am meisten türkisch geblieben..., der Großvater sang nie endende türkische Lieder.«*

Diese Welt endete auf dem Balkan mit den Kriegen von 1912 und 1913.

Die Balkankriege 1912 und 1913

Als am 8. Oktober 1912 die montenegrinische Armee die Feindseligkeiten gegen die Osmanische Türkei eröffnete und zehn Tage später auch die mit Montenegro verbündeten Serben, Griechen und Bulgaren dem Osmanischen Reich den Krieg erklärten, kam es zu einer Neuaufteilung der Balkanhalbinsel, vor allem ihres Herzlandes Mazedonien.

Von Serben, Bulgaren und Griechen beansprucht, wurde das Land an Vardar und Struma zu einem der Hauptkampfplätze beider Balkankriege. Das Ende war die Dreiteilung Mazedoniens und Vertreibung Hunderttausender von Menschen.

Die Serben schlugen in diesem Krieg die türkischen Truppen zunächst bei Kumanovo nördlich von Skopje und drängten sie in Richtung auf das Ägäische Meer, aber auch die Griechen stürmten von Thessalien nach Norden, um ihr Mazedonien zu »befreien«, auf das sie historische Ansprüche erhoben, obwohl es seit der Völkerwanderung ein mehrheitlich slawisches Land geworden war. Die Bulgaren schließlich richteten ihren Hauptangriff zunächst gegen Konstantinopel, drangen aber unter Prinz Boris auch in Mazedonien bis Kukus (Kilkis) vor.

Bereits am 26. Oktober 1912 zogen die Serben siegreich in Skopje ein, während die Griechen die Türken am 1. November bei Yenice schlugen und am 8. November in Saloniki einmarschierten, obwohl die Griechen in der Stadt wie in Mazedonien nur eine kleine Minderheit darstellten. Innerhalb von drei Wochen war das Osmanische Reich damit fast ganz aus Europa verschwunden und die Türkische Armee hinter die Catalca-Linie vor Konstantinopel zurückgedrängt.

Wegen des Streites um die Verteilung der Beute kam es zum 2. Balkankrieg. Am 29. Juni 1913 erklärte Bulgarien Serbien den Krieg, am 1. Juli fielen die Griechen über die bulgarische Bevölkerung in Saloniki und seiner Umgebung her. Rumänien rückte am 11. Juli und die zurückgedrängte Türkei am 13. Juli gegen Bulgarien vor, das militärisch innerhalb kurzer Zeit völlig zusammenbrach und bereits am 30. Juli kapitulieren mußte. Daraufhin wurde schon am 10. August in Bukarest der Frieden geschlossen, der diesen Zweiten Balkankrieg beendete.

Wie dieser Krieg ein Krieg mit ethnischen Säuberungen war, zeigt das Verschwinden der mit Rom unierten Bulgaren-Mazedonier aus dem von den Griechen eroberten Mazedonien. Kukuš (Kilkis), das damalige katholische Zentrum und der Sitz des Bischofs, wurde völlig zerstört. In der noch heute von ihnen verherrlichten »Schlacht von Kilkis« schlugen die Griechen hier die bulgarische Armee und verbrannten am 6. Juli die Stadt: 1846 meist slawische Häuser und 612 Geschäfte gingen in Flammen auf. Nur rauchende Trümmerhaufen blieben übrig. Ebenso erging es 40 weiteren bulgarischen Dörfern im Bezirk Kukuš, 12 im Bezirk Dojran und 15 anderen im griechisch besetzten Teil von Gevgelija. Bei den damals vertriebenen Katholiken, die heute in Mazedonien bei Strumica in fünf Pfarreien und weiteren Dörfern in Bulgarien bei Petrič leben, ist die Erinnerung an die Heimat ihrer Vorfahren in Ägäisch-Mazedonien immer noch lebendig.

Eine Million Menschen verlor damals ihre Heimat: 450 000 Griechen und etwa ebenso viele Türken, dazu 100 000 Bulgaren und slawische Mazedonier.

Die meisten Todesopfer zählten damals die Albaner, die von den Serben systematisch dezimiert wurden. Bereits 1912 plante die serbische Regierung ethnische Säuberungen und führte sie durch.

In Wien veröffentlichte der jüdische Publizist Leo Freundlich 1913 eine Broschüre, die er »Albaniens Golgotha. Anklageakte gegen die Vernichter des Albanervolkes« nannte. 1992 wurde sie neu aufgelegt, als die Serben erneut auf dem Balkan massakrierten und ethnisch säuberten. Das Geschehen damals während der Balkankriege, die Vertreibung und Zerstörung ganzer albanischer Dörfer auf dem Amselfeld, in Mazedonien und in Nordalbanien durch serbische reguläre Truppen und Freischärler war in ganz Europa bekannt, denn Freundlich zitiert durchwegs europäische Zeitungen aus England, Frankreich, Österreich und Deutschland, ja auch aus Dänemark und andern Ländern. Aber ebensowenig wie 1992 in Bosnien und 1998 auf dem Amselfeld wurde damals den Serben Einhalt geboten.

So schrieb der sonst eher serbenfreundliche Kriegskorrespondent der dänischen Zeitung »Riget« über das Vorgehen der Serben:

»Die serbische Kriegsführung in Mazedonien hat den Charakter einer entsetzlichen Massakrierung der arnautischen Bevölkerung angenommen, das Heer führt einen greulichen Ausrottungskrieg... Die arnautischen Dörfer werden umringt und in Brand gesteckt, worauf die Einwohner aus den Häusern gejagt und wie Ratten niedergeschossen werden. Von dieser Menschenjagd erzählt das serbische Militär ganz prahlerisch.«

Die englische Zeitung »Daily Chronicle« meldet am 12. November 1912, es sei Tatsache, daß Tausende von Albanern von den Serben hingeschlachtet wurden. Der Spezialkorrespondent des »Daily Telegraph« berichtete am 20. März 1913:
»Alle schrecklichen Verfolgungen der Weltgeschichte sind überholt durch das entsetzliche Vorgehen der Truppen des General Jankovic. Während ihres Marsches durch Albanien haben die Serben nicht allein die bewaffneten Albaner verräterisch ermordet und hingerichtet; in ihrer schrecklichen Wildheit mordeten sie wehrlose Leute, Greise, Weiber, Kinder, und selbst Säuglinge an den Brüsten ihrer Mütter.
Die serbischen Offiziere haben in ihrer Siegestrunkenheit die Losung ausgegeben, daß die wirksamste Art, Albanien zu pazifizieren, die völlige Ausrottung der Albaner sei. Zwischen Kumanovo und Üsküb (Skoplje) haben sie gegen 3000 Menschen hingeschlachtet. In der Nähe von Prishtina fielen allein 5000 Albaner unter den Streichen der Serben. Sie fielen nicht in einer ehrlichen Schlacht, sondern in einer Serie schrecklicher Morde, und die serbischen Soldaten haben neue Greuelmethoden erfunden, um ihre Blutgier zu stillen. In mehreren Dörfern wurden die Häuser angezündet und die unglücklichen Bewohner wie Ratten niedergeschlagen, als sie sich aus den Flammen retten wollten. Die Männer wurden vor den Augen ihrer Frauen und Kinder getötet, hierauf wurden die unglückseligen Mütter gezwungen, dem Schauspiel der Massakrierung ihrer Kinder beizuwohnen, die man buchstäblich in Stücke hieb.
Hinrichtungen waren die täglichen Unterhaltungen der serbischen Soldaten. Alle Einwohner, in deren Häusern Waffen gefunden wurden, wurden hingerichtet. Man erschoß oder hängte sie auf. An einem Tag gab es bis 36 Exekutionen. Es ist bemerkenswert, daß die in Ungarn (Habsburg) wohnenden serbischen Nationalisten über die Massaker in Albanien empört sind. Ein früherer Sekretär des serbischen Premierministers Pasic, Herr Tomic, erzählt, daß er auf seiner

Reise von Prizren nach Ipek (Pec) auf beiden Seiten der Straße nur verbrannte Dörfer gesehen hat, die dem Erdboden gleichgemacht waren. Die Wege waren besät mit Galgen, auf welchen Körper von Albanern hingen. Die Straße von Diakowitza hatte das Aussehen eines ›Boulevards der Galgen‹.
Sogar in Belgrad erscheinende Blätter erzählten ohne Scham von schauderhaften Greueltaten der Serben. Als das Regiment des Obersten Osbic in Prizren einmarschierte, rief dieser seinen Leuten zu: ›Tötet!‹ Die Belgrader Blätter erzählen, als dieser Befehl gegeben war, warfen sich die serbischen Soldaten in die Häuser und töteten jedes Wesen, das ihnen in die Hand fiel.«

Auch der Kriegsberichterstatter des römischen »Messaggero« informiert über furchtbare serbische Albanergemetzel auf dem Amselfeld, die Pariser »Humanité« spricht von 31 von den Serben völlig zerstörten und ausgerotteten albanischen Ortschaften.
So lauten denn auch die Überschriften in Freundlichs Dokumentation *»Menschenjagden«, »Serbische Blutgier«, »Massenmord«, »Verwüstete Dörfer«* u. ä.

Für die Glaubwürdigkeit des Wiener Autors spricht, daß auch Zeitungen der mit Serbien offiziell verbündeten Länder von diesen Greueltaten berichteten.
So schrieb ein rumänischer Arzt im Bukarester »Adeverul« am 6. Januar 1913, daß das, was er an Grausamkeiten von Seiten der serbischen Armee erlebte, die grauenvollsten Erwartungen bei weitem übertroffen habe. *»Daß Hunderte gefangengenommene Moslems hundert Kilometer weit gehetzt wurden, wäre für diese Unglücklichen noch das geringste Unheil gewesen. Wenn aber einer dieser Erbarmungswürdigen infolge Erschöpfung oder aus Hunger zusammenbrach, wurde er einfach von dem nächstbesten Soldaten mit dem Bajonette niedergestochen und die Leiche liegen gelassen. Noch seien die Felder mit Leichen von hingemordeten alten und jungen Männern und Frauen sowie Kindern bedeckt.«*

Ein Kenner der Lage, der französische Lazaristenmissionar M. Cazot, hatte damals im »Correspondant« nüchtern und realistisch die politische Lage in Südosteuropa nach der Zurückdrängung der osmanischen Türkei analysiert.
Für ihn waren die Balkankriege nicht der letzte Kreuzzug der christlichen Balkanvölker gegen die Türken, auch wenn ein griechischer Pope zu Pferd mit dem Kreuz in der Hand

vor den griechischen Truppen beim Einzug in Saloniki voran zog. Dieses Kreuz sollte nur politische Ambitionen bemänteln. Der Halbmond diente ebenfalls nicht mehr zum Ansporn für fanatische Horden, da unter dieser Flagge auch christliche Soldaten für ihre Osmanische Heimat kämpften.
In der Ausgabe des »Correspondant« vom 10. Juli 1913 sah Cazot nur in einem autonomen Fürstentum unter einem ausländischen Herrscher eine Lösung für Mazedonien und den Balkan. Nur so sei für alle Rassen, Religionen und Riten Recht und Freiheit gewährleistet und die Gleichberechtigung aller Volksgruppen gesichert, weil in dieser Region keine Nationalität die absolute Mehrheit besaß.

In einem zweiten Artikel, der am 25. Juli ebenfalls ohne seinen Namen in der gleichen Zeitung erschien, fragte Cazot nach den Verantwortlichen der Tragödie. Er sah die Türken nicht als die Hauptschuldigen, daß seit dem Berliner Kongreß alle Versuche einer friedlichen Lösung auf dem Balkan im Blut ertränkt wurden. Er klagte die Banden griechischer, serbischer und bulgarischer Nationalisten, die Komitadschi und Freischärler an, deren blutige Umtriebe aber jeweils von ausländischen Regierungen und panslawistischen Agenten unterstützt worden waren. Für Cazot war es klar, daß nach dem Frieden von Bukarest keine Zeit der Ruhe folgen könne. Es sei so viel Unrecht geschehen, soviel Fanatismus geschürt worden, daß die weitere Entwicklung in einen großen Krieg münden werde.

Wie kompliziert die nationalen Verhältnisse in diesem Gebiet waren und wie wenig die Friedensschlüsse zur Beendigung der Balkankriege den ethnischen Gegebenheiten wirklich Rechnung trugen, zeigt vor allem Mazedonien. Die Mehrheit der Bevölkerung, auch in dem damals zum Königreich Griechenland geschlagenen Ägäischen Mazedonien, stellten die slawischen Mazedonier.

In der Hauptstadt Saloniki waren aber die spanischsprachigen Juden, also Landsleute von Elias Canetti, die stärkste Bevölkerungsgruppe. Erst die Umsiedlung der kleinasiatischen Griechen zehn Jahre später nach dem Ende des Krieges in Kleinasien brachte eine griechische Mehrheit in diesem Teil Mazedoniens.

Trotzdem blockierte Griechenland noch 1994 als Mitglied der Europäischen Gemeinschaft die Anerkennung der ehemaligen jugoslawischen Teilrepublik Mazedonien, wo die

1913 serbischer Herrschaft unterstellte Bevölkerung 1944 als ein Staatsvolk in Jugoslawien anerkannt worden war und seitdem das slawische Mazedonisch als Staatssprache gebraucht wird.

Der von dem Lazaristen Cazot 1913 prophezeite große Europäische Krieg brach bereits ein Jahr nach dem Ende der beiden Balkankriege durch das Attentat von Sarajevo aus und weitete sich rasch zum Ersten Weltkrieg.

Der Erste Weltkrieg

Unter dem Stichwort ›Minderheiten‹ nennen Golo Mann und Harry Pross im Band Außenpolitik des Fischer-Lexikons für den Ersten Weltkrieg und danach diese Zahlen von Vertriebenen:

Vertrag von 1923 – Flucht und Umsiedlung 1919–1939

2 180 000	*1 450 000*	*Griechen*
	480 000	*Türken*
	250 000	*Bulgaren*

1915 zwangsumgesiedelte Wolhyniendeutsche,
z. T. zurückgekehrt
250 000

Zusammenbruch der Mittelmächte 1918
Pariser Vorverträge: Deutsche Optanten

1 230 000	*800 000*	*Ostgebiete*
	300 000	*Nord-Schleswig*
	130 000	*Elsaß-Lothringen*
900 000	*Nachrückende Polen*	
50 000	*Nachrückende Franzosen*	
400 000	*Ungarische Optanten (Trianon-Ungarn)*	
250 000	*Nachrückende Rumänen*	

Neugeschaffene Staaten:
Polen, Estland, Lettland, Litauen:

1 100 000	*Flucht aus der UdSSR und Heimkehr:*
1 000 000	*Russische Emigration (ca.)*
5 000 000	*Umsiedlung von Russen innerhalb der UdSSR nach Sibirien*
120000	*Flucht der Armenier (Griechenland, Frankreich, Südamerika)*

Schätzungen liegen doppelt so hoch.

Das sind über 13 Millionen Europäer, die damals ihre Heimat in Europa und Kleinasien aufgeben mußten und unter denen Millionen echter Vertriebene sind.

Viele sind Repatrianten, die nach dem Krieg aus verschiedenen Siedlungsgebieten in ihre neu entstandenen Staaten zogen, wie z. B. Tschechen aus Wien oder verschiedenen anderen Teilen der Donaumonarchie.

Bereits 1915 ließ die russische Regierung die Deutschen in Wolhynien deportieren. Durch ein Liquidationsgesetz vom 2. Februar 1915 wurde der deutsche Landbesitz innerhalb einer 150 Kilometer breiten Grenzzone enteignet. Die Wolhyniendeutschen wurden an die Wolga, in den Ural und nach Sibirien verschleppt.

Die Osmanische Türkei, deren Staatsgewalt in der Hand eines jungtürkischen Triumvirats war, nutzte den Krieg, um sich ihrer Armenier zu entledigen. Wir werden diese Tragödie im Kapitel über die Situation in Kleinasien noch ausführlich behandeln.

Der Zusammenbruch der Mittelmächte und die Pariser Vorortsverträge brachten neue politische Grenzen in Europa.

Österreich-Ungarn wurde am meisten zerstückelt. Es entstanden neue Staaten wie Polen, die Tschechoslowakei und das Königreich der Serben, Kroaten und Slowenen, das sich erst im Jahre 1929 in Jugoslawien umbenannte. Rumänien konnte sein Staatsgebiet gewaltig erweitern. Aber in allen diesen neuen »Nationalstaaten« gab es zahlreiche Volksgruppen und nationale, sprachliche und ethnische Minderheiten.

Im Falle der Tschechoslowakei mußte man zur Konstruktion des Tschechoslowakismus greifen, um ein mehrheitliches »Staatsvolk«, eben die Tschechoslowaken, gegenüber den starken Gruppen der Sudeten- und Karpatendeutschen, Ungarn, Ruthenen und Ukrainer, Polen und Juden zu haben.

Auch die Serben mußten die Fiktion, sie seien mit Kroaten und Slowenen ein dreieiniges Volk, in die Welt setzen, um eine Mehrheit in dem neuen südslawischen Staat zu haben, in dem auch Hunderttausende von Albanern, Muslime, Deutsche, Ungarn, Türken, Slowaken, Italiener, Bulgaren, Rumänen und Walachen und andere Minderheiten lebten.

Im Vertrag von Trianon verlor das alte Ungarn der Stephanskrone zwei Drittel seines Staatsgebietes an Rumänien, die Tschechoslowakei, Jugoslawien und Österreich (Burgenland).

Von 326692 Quadratkilometern des alten Staatsgebietes mußten abgetreten werden an

Rumänien	102787	
Südslawien	63497	
Tschechoslowakei	62353	
Österreich	4107	Quadratkilometer.

Von fast 21 Millionen Einwohnern Groß-Ungarns nach der Volkszählung vom Jahre 1910 verblieben nur 7,6 Millionen in Rumpfungarn.
Nur in einer einzigen Stadt, nämlich im burgenländischen Ödenburg, kam es dabei zu einer Volksabstimmung. Restungarn mußte über 400 000 Flüchtlinge und Ausgewiesene aufnehmen, die oft jahrelang in Lagern und Baracken lebten.

All dies führte zu den in der obigen Statistik genannten Bevölkerungsverschiebungen. Übertroffen wurde all dies aber in der türkischen Levante, wo die Osmanische Türkei ebenfalls auf der Verliererseite des Ersten Weltkrieges war.

Der Vertrag von Lausanne

Die Umsiedlung der Türken und Griechen, unter die der Vertrag von Lausanne einen Schlußstrich setzte, gilt bis heute leider noch bei vielen Politikern als ein Paradebeispiel für einen mustergültigen Bevölkerungsaustausch.

Auf ihn beriefen sich immer wieder spätere Vertreiber, vor allem die Schreibtischtäter auf internationalen Konferenzen, die nicht zu wissen scheinen, *»welch vernichtendes Urteil die Völkerrechtswissenschaft über den Lausanner Vertrag gefällt hat«* (Otto Kimminich).

Es muß aber auch in bezug auf diesen Vertrag klar festgestellt werden, *»daß es sich hierbei in Wirklichkeit nicht um einen aufgrund dieses Vertrages noch vorzunehmenden Bevölkerungsaustausch handelte. Die Griechen waren nämlich bereits in der Tat in ihrer größten Zahl von ihrer Heimat in Kleinasien, Ost-Thrazien etc. mit Gewalt vertrieben und hatten in Griechenland Zuflucht gesucht«* (Dimitrios Constantopoulos).

Der Bevölkerungsaustausch war bereits im Abkommen von Mutanya am 10. Oktober 1922 vereinbart worden. Hier finden wir Parallelen zum Potsdamer Abkommen, dem ebenfalls schon wilde Vertreibungen durch Polen und Tschechen vorausgegangen waren.

Es handelte sich im Falle der Griechen eigentlich ähnlich wie später beim Abkommen von Potsdam um die nachträgliche Legalisierung bereits erfolgter gewaltsamer Vertreibungen, während die Türken, die auf griechischem Territorium wohnten, erst nach der Unterzeichnung des Friedensvertrages am 30. Januar 1923 in geordneter Weise ausgetauscht wurden.

Obgleich die Literatur durchwegs von Griechen und Türken spricht, wurden damals griechisch-orthodoxe Bürger des ehemaligen Osmanischen Reiches gegen muslimische Bürger des griechischen Staates ausgetauscht. Dies führte dazu, daß aus Kleinasien auch die Karamanli umgesiedelt wurden, d. h. turkophone orthodoxe Christen, aus Griechenland auch muslimische Albaner des Südepirus, griechischsprachige Muslime aus Kreta und sogar muslimische Aromunen bzw. Megleno-Rumänen aus einem Dorf südlich von Gevgelja.

387 000 Muslime verließen damals Griechenland, während aus den unter türkischer Herrschaft gebliebenen Gebieten mehr als 1,5 Millionen Christen nach Griechenland vertrieben und umgesiedelt wurden. Schon 1924 einigten sich auch Bulgarien und Griechenland über einen ähnlichen Bevölkerungsaustausch, woraufhin 53 000 Bulgaren ihre alte Heimat in Griechenland verlassen mußten und umgekehrt 46 000 Griechen Bulgarien verließen.

Nach der Volkszählung des Jahres 1928 lebten in Griechenland 1,22 Millionen Vertriebene und Flüchtlinge, davon aus

Kleinasien	626 954	
Ostthrazien	256 635	
Pontus	182 169	
Bulgarien	49 027	
Konstantinopel	38 458	
und weitere	68 606	Menschen aus anderen Gebieten.

52,2% dieser Vertriebenen waren in Mazedonien angesiedelt worden, nämlich 638.252 Menschen. Es folgten Mittelgriechenland und Euböa mit 25,1% oder 306.193 Personen, Westthrazien (8,8%) und die Inseln (4,6%).

Durch ein Gesetz vom 23. Oktober 1923 war eine eigene »Kommission für die Ansiedlung der Flüchtlinge« geschaffen worden. Von den Flüchtlingen und Vertriebenen wurden 643.000 in Städten und 579.000 in ländlichen Siedlungen untergebracht und beheimatet.
Oft versuchte man erfolgreich, sie in ihren alten Berufen leben zu lassen. So siedelte man Rosinen- und Sultaninen-Bauern aus der Gegend von Smyrna auf der Insel Kreta an, Tabakbauern in Westthrazien und Ostmazedonien, Maulbeerraupenzüchter für die Seidengewinnung in Ghoumiza und Edessa.

Diese Vertriebenen haben dem damaligen Griechenland auch zu einer modernen Teppichindustrie verholfen und überhaupt in manchen Städten den Aufstieg der Industrie ermöglicht.

Auch in der kemalistischen Türkei war der Anteil der Vertriebenen an der Gesamtbevölkerung beträchtlich.
So waren nach der Volkszählung des Jahres 1935 von damals 16 Millionen Einwohnern rund eine Million im früher zum Osmanischen Reich gehörenden Ausland geboren, und zwar in

Griechenland	368 000
Bulgarien	227 000
Jugoslawien	158 000
Rumänien	62 000
Sowjetunion	70 000

Bekanntlich hielt die Repatriierung aus diesen Gebieten auch in den folgenden Jahren an. So lebten 1960 in der Türkei noch 1,2 Millionen Muhacire, wie die Auswanderer und Rücksiedler genannt werden.

Davon kamen aus

Griechenland	407 788	
Bulgarien	374 478	
Jugoslawien	269 101	
Rumänien	121 351	
Turkestan	2 128	Menschen.

Für die Ansiedlung der Umsiedler vom Balkan haben wir diese Zahlen für jene Jahre:

Marmaragebiet	508 000	
Zentralanatolien	130 000	
Nordanatolien	78 000	
Ägäis	75 000	
Südanatolien	45 000	
Ostanatolien	42 000	
Südostanatolien	11 000	Ansiedler.

Für das verschwundene Griechentum Kleinasiens war der Lausanner Vertrag ein offizieller Schlußstrich, doch sind damals auch verschiedene andere Volksgruppen vertrieben worden, die Christen waren.

Man kann diese ethnischen Umsiedlungen und Säuberungen in Kleinasien nur mit dem Schicksal der Deutschen aus den Ostgebieten Europas vergleichen. So wie deutsche Kultur in Ost(mittel)- und Südosteuropa bis 1945 Jahrhunderte hindurch heimisch war, existierte griechische Kultur in diesen Gebieten des westlichen Kleinasien, aber auch in anderen Teilen und vor allem im Pontos seit fast 3000 Jahren. In vielen Städten und Provinzen Kleinasiens stellten die Griechen noch die Mehrheit der Bevölkerung.

Diese Bevölkerung verschwand nach 1923 ebenso total wie die Deutschen im Sudetenland, in der Batschka und im Banat und anderen Teilen Ostmitteleuropas. Ein Vergleich der Stadtpläne von Izmir mit jenem des alten Smyrna von 1920 entspricht dem Unterschied zwischen dem alten Reichenberg und dem heutigen Liberec, dem alten Breslau und dem polnischen Wroclaw. Gleiches gilt von Trapezunt, Ankara und anderen Städten.

Aber auch nach dem Bevölkerungsumtausch sind die neu besiedelten Gebiete national nicht immer homogen, dies verdeutlicht zum Beispiel ein kenntnisreicher Blick die Lage im Küçük-Menderes-Gebiet, also östlich des alten Ephesus.

Der Geograph Willi Eggeling hat in den Jahren 1970 bis 1972 untersucht, wie sich dort 50 Jahre nach der Umsiedlung die Bevölkerung zusammensetzte:

Von damals 323 000 Einwohnern dieses Gebietes waren:

»Türken« aus Anatolien	150 000	46,5%
Türkische Rückwanderer aus Griechenland, Bulgarien, Jugoslawien	54 000	16,7%
Yürüken (nomadisierendes Turkvolk)	49 000	15,0%
Kurden (Schiiten!)	32 000	9,9%
Tscherkessen (Kaukasusvolk)	16 000	5,0%
Turkmenen	15 000	4,7%
Neger und Zigeuner	7 000	2,2%

In Wirklichkeit ist da Bild noch facettenreicher, da die Muhacire, die Rückwanderer aus den ehemals osmanischen Balkanländern, zu einem großen Teil noch zu Hause ihre bosnischen, albanischen oder bulgarischen Mundarten sprechen.
Die in der heutigen Westtürkei lebenden Neger sind freigelassene Sklaven der Großgüter. Sie werden noch heute diskriminiert. Unter ihnen gibt es kaum Mulatten, da Heiraten mit »Weißen« fast unmöglich sind.

In der griechischen Literatur des 20. Jahrhunderts haben die Vertreibungsschicksale bei manchen Autoren der Gegenwart vielfältigen Niederschlag gefunden, so auch bei Nikos Kazantsakis, der selbst eine Zeitlang in Athen Regierungsbeauftragter für die Umsiedlung seiner Landsleute aus dem Kaukasus war.
In seinem Roman *»Alexis Sorbas«* schreibt der in Kreta geborene Kazantsakis ebenso davon wie in seiner Autobiographie *»Rechenschaft vor El Greco«*.

Mehrfach taucht für ihn die quälende Frage auf, ob er in den Kaukasus soll. Im *»Alexis Sorbas«* läßt er einen Freund aus dem Pontus nach Kreta schreiben: *»Eine halbe Million Grie-*

chen ist in Südrußland und Kaukasien in Gefahr. Viele von ihnen sprechen zwar nur türkisch und russisch, aber ihr Herz spricht leidenschaftlich griechisch. Sie sind unseres Blutes... Sie haben alles, was sie hatten, verloren. Sie sind hungrig und nackt. Bald werden sie von den Bolschewisten und bald von den Kurden verfolgt. Aus allen Himmelsrichtungen sind sie geflüchtet und sammeln sich nun in ein paar Städten Georgiens und Armeniens. ...wenn wir sie ihrem Schicksal überlassen, sind sie verloren.«

Im Buch *»Rechenschaft vor El Greco«* finden wir ein ganzes Kapitel mit der Überschrift *»Kaukasus«*. Kazantsakis schreibt: *»Ich war noch in Italien, als ich aus Athen ein Telegramm vom Wohlfahrtsminister erhielt, ob ich die Generaldirektion des Ministeriums übernähme mit dem Spezialauftrag, nach dem Kaukasus zu reisen, wo über hunderttausend Griechen in Gefahr waren und dort einen Weg für einen Transport nach Griechenland zu finden, damit sie gerettet würden.«*

Kazantsakis nahm an und fuhr in den Kaukasus: *»Einen Monat besuchten meine Gefährten und ich die Städte und Dörfer, in denen griechische Seelen verstreut waren, wir fuhren durch ganz Georgien, kamen nach Armenien; vor Kars hatten in jenen Tagen die Kurden drei Griechen gefaßt und hatten sie wie Maultiere beschlagen; sie waren in die Nähe von Kars gekommen, und wir hörten ihre Kanonenschüsse Tag und Nacht.«* Ein Freund bleibt dort zurück. *»Nach einigen Wochen erschien er verstaubt, zerschlissen, völlig schwarz in Batum, er ging voran, und hinter ihm folgte der Riesenschwarm der Griechen aus Kars mit ihren Kühen, ihren Pferden, ihren Geräten, und in der Mitte der Priester mit dem silbernen Evangelium der Kirche und die Alten mit den heiligen Ikonen im Arm. Sie waren entwurzelt und gingen nun zum freien Griechenland, um neue Wurzeln zu schlagen.*
Auch wir hatten alle Griechen Georgiens zusammengetrieben, und eines Morgens hörte ich Stimmengewirr, Freudenschüsse; ich lief zum Hafen; die ersten griechischen Schiffe waren erschienen, um sie abzuholen.«

Der Hauptheld Alexis Sorbas des gleichnamigen Romans ist ein Mazedonier und schildert im Buch Erlebnisse der Balkankriege, wovon leider der preisgekrönte Film nichts bringt.

»Es gab eine Zeit, in der ich sagte: Das ist ein Türke, das ist eine Bulgare oder ein Grieche«, erklärt Alexis Sorbas dem

Autor des Romans. *»Wenn du wüßtest, Chef, was ich für das Vaterland alles getan habe, stünden dir die Haare zu Berge. Ich habe gemordet, gestohlen, Dörfer in Brand gesteckt, Frauen vergewaltigt, ganze Familien ausgerottet... Nur weil es Bulgaren oder Türken waren.«*

Ein griechisches Vertreibungsschicksal beschreibt Kazantsakis auch in seinem Roman *»Griechische Passion«*, das im Original den Titel trägt *»Christus wird wieder gekreuzigt«*. Die Handlung spielt im osmanischen Kleinasien. Griechische Flüchtlinge bitten noch in türkischer Zeit in einem von Griechen bewohnten Dorf vergeblich um Aufnahme: *»Wir sind Christen, fürchtet euch nicht, Brüder, wir sind Griechen, Flüchtlinge und Verfolgte. Ruft die Großen des Dorfes her, ich will mit ihnen reden.«*
So bittet der Vertriebenenpriester Fotis, der seine Gemeinde begleitet und ihr vorangeht, doch sein orthodoxer griechischer Amtsbruder Grigoris hat Angst um den Wohlstand seines Dorfes und wiegelt seine Pfarrkinder auf, die Vertriebenen nicht zu beherbergen.
Es kommt sogar zu einem Blutvergießen.
»Und sie nahmen ihre endlose Wanderung nach Osten wieder auf.«

Ein anderer griechischer Schriftsteller, Ilias Venezis, hat in seinen Erinnerungen *»Äolische Erde«* die verlorene kleinasiatische Heimat wehmütig lebendig werden lassen, in die nach den Balkankriegen zunächst muslimische Vertriebene aus Serbien und Bulgarien kommen, ehe die Griechen dieses Schicksal der Vertreibung ein Jahrzehnt später selber erleiden.

In einem anderen Werk *»Friede in attischer Bucht«* hat Venezis auch die Schwierigkeiten der Ansiedlung und Integration der Vertriebenen in Griechenland und das Mißtrauen und die Widerstände der Einheimischen gegen die Neuankömmlinge realistisch behandelt.
Der Roman spielt in Anawyssos, einer Bucht zwischen Athen und dem Kap Sunion, wo eines Tages eine Gruppe von kleinasiatischen Flüchtlingen eintrifft:
»Der ferne Zug kommt näher und näher. Die Staubwolke wird größer in der dichten Luft. Sie verbindet sich schließlich mit ihr zu vollständiger Einheit durch jene Fähigkeit der Anpassung, die die Dinge dieser Welt besitzen. Aber unterhalb der Wolke geschieht die Anpassung nicht so leicht. Frauen, Kinder und Greise seufzen laut, gequält von der Sonnenglut, von der Entbehrung und Erschöpfung des

Marsches. Von ihren Gesichtern tropft der Schweiß, mit Staub verklebt, er tropft wie Schlamm. Junge Männer sind nur wenige dabei. Die meisten der Wanderer sind barfuß. Alle tragen auf ihren Schultern irgendeine Last, einen Sack, mit Sachen gefüllt, oder ein zusammengerolltes Bündel.«

Die kleinasiatische Tragödie

Nicht nur griechische Christen, sondern das ganze nichttürkische Christentum Kleinasiens erlitt seit 1915 das Schicksal totaler Vertreibung.

Die Osmanische Türkei war nach dem System des »millet«, der Nation organisiert, aber die einzelnen millets waren religiös bestimmt. So gehörten alle Muslime ohne Rücksicht auf Ethnie oder Sprache zum muslimischen millet, während Griechen, Armenier, Katholiken u. a. eigene millets bildeten.

Das Verschwinden der Christen aus diesen Gebieten war vollständig. Dabei gab es schon seit den Zeiten der Bibel Christen in Kleinasien, ja kein Land außer Palästina war mit dem Christentum und auch der ganzen biblischen Geschichte so verbunden wie das Gebiet der heutigen Türkei.

Der Ararat, auf dem nach der Sintflut die Arche Noahs gelandet sein soll, liegt ebenso auf ihrem heutigen Staatsgebiet wie das Städtchen Haran, wo der Stammvater von Juden, Christen und Muslimen, der Patriarch Abraham, den Ruf Gottes erhielt, *»weiterzuziehen in das Land, das ich dir zeigen werde«.* Bei Urfa, dem alten Edessa, erinnern noch heute die Teiche Abrahams daran. In Haran bei Urfa schöpfen noch heute Frauen und Mädchen Wasser am Brunnen wie vor mehr als dreieinhalb tausend Jahren, als Abraham seinen Knecht nach Haran sandte, um Rebekka als Frau für seinen Sohn Isaak zu holen. Jakob diente hier zweimal sieben Jahre bei Laban, um Rachel zu heiraten.

Antiochien, die »große Gottesstadt«, das heutige Antakya im Südosten der Türkei, ist der Ort, wo (nach Apostelgeschichte 11,26) die Jünger Jesu zum ersten Mal den Namen Christen erhielten.

Die Reisen des Völkerapostels Paulus liegen zum großem Teil in Kleinasien: Perge in Pamphylien, Antiochia in Pisidien, Ikonium, Derbe und Lystra sind ebenso biblische Stätten des Neuen Testamentes wie Ephesus und das Gebiet der Kolosser und Galater, an die der heilige Paulus Briefe richtete.

Die Apokalypse des heiligen Johannes gilt sieben Gemeinden im westlichen Kleinasien, deren Leuchter von der Stelle gerückt wurde.

Aber es waren nicht nur die Zeit der Spätantike und des verfallenden oströmischen Reiches, nicht nur Perser- und Arabereinfälle und die jahrhundertelange Herrschaft seldschukischer und osmanischer Türken, sondern erst unser 20. Jahrhundert, das den christlichen Völkern und Volksgruppen in Kleinasien, in den Tagungsstätten der ersten sieben Ökumenischen Konzilien von Nizäa, Konstantinopel, Ephesus und Chalzedon und in der Heimat der großen Kirchenväter wie Basilius, Gregor von Nyssa und Gregor von Nazianz den Todesstoß versetzte.

Wenn heute die Republik Türkei bei 65 Millionen Einwohnern offiziell nur noch 200 000 Christen, und zwar nach der längst durch Abwanderung überholten Volkszählung vom Jahre 1975 insgesamt 23 000 Orthodoxe, 73 725 Katholiken, 26 000 Protestanten und 84 000 sonstige Christen zählt, so sind das Zahlen, die den Anteil an der Gesamtbevölkerung nur in Promille ausdrücken können.

Anders war die Situation noch am Vorabend des Ersten Weltkrieges, als die Bevölkerung Kleinasiens nur 10 Millionen betrug und dabei die Christen noch nach Millionen zählten.

Der Baedeker-Reiseführer von 1914 nennt für Konstantinopel/Istanbul als Bevölkerung 500 000 Türken, aber auch über 200 000 Griechen, 180 000 Armenier und 70 000 andere Christen. Andere Schätzungen jener Jahre gehen von über 300 000 Griechen und einer Viertelmillion Armenier in Konstantinopel aus.

In seinem Buch *»Geistliches und Weltliches aus dem Orient«* schrieb damals der protestantische Theologe und Ostkirchenkenner Heinrich Gelzer: *»Neben der offiziellen Türkenwelt ... existiert noch ein zweites, das christliche Konstantinopel, von dem der gewöhnliche Orientreisende wenig oder gar keine Notiz nimmt. Das Phanar, das Griechenquartier, oder Kum-Kapu, den Sitz der Armenier, betritt der Reisende gar nicht oder durcheilt sie flüchtig, und doch zeigt sich hier neben der offiziellen türkischen Welt eine altchristlich orientalische von kaum minderem Interesse und zweifellos größerer Zukunft.«*

Gelzer irrte in seiner Prognose. Die Zukunft brachte wenige Jahre nach seinen Worten nur Vertreibung, Tod und Verderben für Hunderttausende von christlichen Griechen und Armeniern.

Solche gab es in allen Städten des Landes. Die Hafenstadt Smyrna, heute Izmir, hatte bei 250 000 Bewohnern eine deutliche christliche Mehrheit. In den Städten der Paulusreisen und der Apokalypse gab es noch Dutzende von orthodoxen griechischen Bischöfen und in ganz Kleinasien Tausende von griechisch-orthodoxen Pfarreien und Gemeinden.

Im Osten Anatoliens residierte ein armenischer Katholikos in Sis in Kilikien, ein armenischer Patriarch auf der Insel Aghtamar im Vansee. Wichtige armenische Bischofssitze waren Erzerum, Muş, Kayseri, Smyrna, Nikomedien (Ismit), Sivas, Tokat und Van.

Ein syrischer Patriarch hatte seinen Sitz in Mardin und ein nestorianischer Katholikos im Bergland von Hakkari. Syrisch-jakobitische Diözesen waren damals Diyarbakir, Konstantinopel oder Harput.

Nestorianische Bistümer gab es noch in Städten wie Amadya, Diyarbakir oder Mardin. Neben den Dutzenden von griechisch-orthodoxen, armenisch-gregorianischen, syrisch-jakobitischen und nestorianischen Bischofssitzen bestanden damals in Anatolien auch viele katholische Bistümer, die noch bis vor kurzem im Päpstlichen Jahrbuch beim Verzeichnis der Diözesen auftauchten.

Nirgendwo in der Welt ist das Christentum in diesem Jahrhundert so dezimiert worden wie in der Türkei und besonders in Kleinasien, nicht einmal in den 70 Jahren kommunistischer Herrschaft in Rußland.
In der Türkei war es nicht eine Christenverfolgung, sondern eine ethnische Säuberung im wahrsten Sinne des Wortes. Nicht umsonst hat sich später auch Hitler bei seiner Endlösung auf das Vorbild der Ausrottung der Armenier berufen.

»Betrogenes Volk« Das Schicksal der Armenier

Am meisten betraf die Vertreibung die Armenier. Der Völkerbund-Kommissar Fritjof Nansen nennt sie in einem Buch über ihr Schicksal ein »betrogenes Volk«, weil sie zunächst einem Holocaust und dann dem Verrat der großen Mächte ausgeliefert wurden. Für ihr Schicksal setzte ebenfalls der Vertrag von Lausanne einen Schlußstrich, indem er sie nicht einmal mehr erwähnte, obwohl der Vertrag von Sevres 1920 noch einen armenischen Staat vorgesehen hatte.

Es war also nicht das theokratische Regime des türkischen Sultans, der auch Kalif und damit Stellvertreter Mohammeds war, sondern die Regierung der Jungtürken, die in ihrem Wahn eines türkischen Nationalstaates das Ende der christlichen Volksgruppen in der Türkei brachten.

Das Triumvirat der Jungtürken bestand aus Enver Pascha, Cemal Pascha und Talaat Pascha. Enver Pascha stammte aus einer bosnischen Familie in Sarajevo, die Mutter war Albanerin. Cemal, der in Mytilene geboren war, hatte eine griechische Mutter und Talaat Pascha war ein Pomake, also ein muslimischer Bulgare.

Das Unheil begann mit der Endlösung der Armenier seit dem 24. April 1915, als zunächst alle armenischen Notabeln in Konstantinopel, später alle Armenier im ganzen Land deportiert wurden. Seitdem ist der 24. April der nationale Trauertag aller Armenier in der ganzen Welt.

Fast drei Viertel dieses indogermanischen, mit den Türken nicht verwandten Volkes ist damals im türkischen Machtbereich ausgerottet worden. In endlosen Deportationszügen schleppte man alle Armenier in die Wüste am Euphrat, ermordete schon unterwegs die Männer und schändete Frauen und Mädchen, von denen Zehntausende in türkischen und kurdischen Harems verschwanden.

Als die mit der Türkei im Krieg verbündete Regierung des wilhelminischen Deutschland viel zu spät bei der Hohen Pforte nach dem Schicksal dieser Christen anfragte, kam von seiten des türkischen Innenministeriums nur die lakonische Antwort: *»La Question Arménienne n'existe plus«* (Die Armenische Frage existiert nicht mehr).

Der Charakter einer Endlösung war bereits 1915 klar erkenntlich. Die deutschen Konsuln in Erzerum, Aleppo, Adana, Iskenderun, Trapezunt, Samsun, Sivas und Mossul schreiben in ihren Berichten an die kaiserliche Deutsche Botschaft in Konstantinopel von der *»Vernichtung der Armenier in ganzen Bezirken«*, von der *»Vernichtung oder Islamisierung eines ganzen Volkes«* oder von der *»Erledigung der armenischen Frage durch die Vernichtung der armenischen Rasse«.*

Sie analysierten klar, daß die Jungtürken *»der armenischen Frage endgültig ein Ende machen wollen«*, um sich dadurch *»der armenischen Frage für die Zukunft zu entledigen«.*

Auch in einem Bericht an den Reichskanzler weiß der deutsche Botschafter um *»die Vertilgung der letzten Reste der Armenier«.*

Die Anweisung der deutschen Pressezensur zur Behandlung dieses Themas war folgende:
»Über die Armeniergreuel ist folgendes zu sagen: Unsere freundschaftlichen Beziehungen zur Türkei dürfen durch diese innertürkische Verwaltungsangelegenheit nicht nur nicht gefährdet, sondern im gegenwärtigen, schwierigen Augenblick nicht einmal geprüft werden. Deshalb ist es einstweilen Pflicht zu schweigen. Später, wenn direkte Angriffe des Auslandes wegen deutscher Mitschuld erfolgen sollten, muß man die Sache mit größter Vorsicht und Zurückhandlung behandeln und stets hervorheben, daß die Türken schwer von den Armeniern gereizt wurden. – Über die armenische Frage wird am besten geschwiegen. Besonders löblich ist das Verhalten der türkischen Machthaber in dieser Frage nicht.«

Von fast zwei Millionen Armeniern, die es am Vorabend des Ersten Weltkrieges auf dem Gebiet der heutigen Türkei gab, sind heute knapp 100 000, größtenteils in Konstantinopel, geblieben.

Nur wenige konnten sich nach Ägypten oder in den Kaukasus retten, und schon 1916 schätzte die Deutsche Botschaft in Konstantinopel, daß 1,5 Millionen Armenier deportiert worden seien und eine Million davon ums Leben kam. Eine Viertelmillion ist zwangsislamisiert worden und überlebte dadurch physisch.

Bei den Massakern auf den Deportationsmärschen waren die Opfer meist Männer, bei dem Hungersterben in der Wüste meist Frauen, Kinder und Greise.

Es gibt zahlreiche Quellen und Augenzeugenberichte zu diesem Völkermord an den Armeniern. Der Leiter der protestantischen »Deutschen Orient-Mission«, Dr. Johannes Lepsius, hatte bereits 1896 in seinem Buch *»Armenien und Europa«* die damaligen Massaker und Pogrome dokumentiert.
Mitten im Ersten Weltkrieg gab er gegen den Widerstand der deutschen militärischen Führung einen *»Bericht über die Lage des armenischen Volkes in der Türkei«* heraus, der 1919 in erweiterter Fassung als *»Todesgang des armenischen Volkes«* erschien.

Ein Augenzeuge des Geschehens war auch der Schriftsteller Dr. Armin T. Wegener, der 1919 einen *»Offenen Brief an den Präsidenten der Vereinigten Staaten von Nord-Amerika, Herrn W. Wilson, über die Austreibung des Armenischen Volkes in die Wüste«* richtete und schrieb: *»Kinder weinten sich in den Tod, Männer zerschmetterten sich an den Felsen, Mütter warfen ihre Kleinen in die Brunnen, Schwangere stürzten sich mit Gesang in den Euphrat. Alle Tode dieser Erde, die Tode aller Jahrhunderte starben sie. Ich habe Wahnsinnige gesehen, die den Auswurf ihres Leibes als Speise aßen, Frauen, die den Leib ihrer neugeborenen Kinder kochten, Mädchen, die die noch warme Leiche ihrer Mutter sezierten, um das aus Furcht vor räuberischen Gendarmen verschluckte Gold aus den Därmen der Toten zu suchen. In zerfallenen Karawansereien lagen sie zwischen Haufen von Leichen und Halbverwesten teilnahmslos da und warteten auf den Tod; denn wie lange können sie ihr elendes Dasein damit fristen, sich Körner aus dem Mist der Pferde zu suchen oder Gras zu essen? Das alles aber ist nur ein Bruchteil von dem, was ich selbst gesehen habe, was Bekannte oder Reisende mir erzählten oder was ich aus dem Munde der Vertriebenen selber vernahm.«*

Außer der »Deutschen Orient-Mission« arbeitete seit 1896 auch der »Deutsche Hilfsbund für Christliches Liebeswerk im Orient« in türkischen Städten wie Van, Muş, Maraş u. a. Orten. Er zählte außer deutschen Mitarbeitern auch Schweizer, Dänen, Norweger, Schweden und Finnen. Für diesen Hilfsbund veröffentlichte 1919 James William Somer eine Sammlung von Augenzeugenberichten: *»Die Wahrheit über die Leiden des armenischen Volkes in der Türkei während des Weltkrieges«.*

Durch diese und viele andere Zeugen und Dokumentationen wissen wir von den ersten Übergriffen gegen die

Armenier bereits seit Kriegsbeginn, wo in manchen Provinzen schon vor der Deportationen des Jahres 1915 viele Dörfer verwüstet wurden.

Über die Deportation aus Zeytun schreibt ein Augenzeuge: *»Ich sah sie auf dem Wege. Ein endloser Zug, begleitet von Gendarmen, die sie mit Stöcken vorwärts trieben. Halb bekleidet, entkräftet schleppten sie sich mehr als daß sie gingen. Alte Frauen brachen zusammen und rafften sich wieder auf, wenn der Saptieh mit erhobenem Stock sich nahte. Andere wurden vorwärts gestoßen wie Esel. Ich sah, wie eine junge Frau hinsank; der Saptieh gab ihr zwei, drei Schläge und sie stand wieder auf…«*

Aus Konya schrieben dort tätige deutsche Staatsangehörige an die Botschaft nach Konstantinopel: *»Seit einer Woche sind wir Zeugen der ergreifendsten Szenen, über die sich ein Fernstehender kaum ein Bild machen kann. Täglich kommen lange Züge mit Armeniern an, die nach ihren Aussagen aus Ismid, Adabasar und Umgebung ausgewiesen worden sind.*
Von Durchreisenden haben wir erfahren, daß diese Ausweisungsmaßregeln schon seit Monaten in Cilicien und Nordmesopotamien zur Anwendung kommen, und wie wir hören, soll auch in anderen Orten Anatoliens mit den Armeniern aufgeräumt werden. Heute erhielten auch die hiesigen Armenier den Befehl, die Stadt innerhalb acht Tagen zu verlassen.
Was wir mit unserem Bericht bezwecken, ist, gegen die jeder Menschlichkeit zuwiderlaufende Art der Behandlung dieser Vertriebenen Einspruch zu erheben.
Weiber und Kinder werden mit Faust- und Stockschlägen angetrieben. Auf offenen Karren und Tatarwagen werden sie in die Nacht gejagt, und die Unbemittelten müssen zu Fuß mit dem Rest ihrer Habe die beschwerliche lange Reise fortsetzen…
Wie groß die Verzweiflung ist, geht daraus hervor, daß Mütter ihre Kinder verschenken, um sie vor dem elendsten Los zu bewahren. Kinder, die von mitleidigen christlichen Familien angenommen wurden, sind diesen später von den Behörden abgefordert und Türken gegeben worden…
Der ganze Weg von hier bis hinter Aleppo gleicht einer Karawane des Jammers und des Elends…
Diese unmenschliche Behandlung bildet nicht nur für die Türken einen unauslöschlichen Schandfleck in der Weltgeschichte, sondern auch für uns Deutsche, falls wir der

Sache untätig zusehen und die Vernichtung dieses Volkes zulassen...
Wir Deutsche, die wir hier jetzt täglich gezwungen sind, einem unmenschlichen Treiben zusehen zu müssen, fühlen uns als Mitglieder eines Kulturstaates inmitten eines halb zivilisierten Volkes verpflichtet, dagegen zu protestieren.
In Erwartung, daß unsere Bitte berücksichtigt wird, daß wenigstens das Los der Tausenden und Abertausenden unschuldiger Frauen und Kinder gemildert wird, zeichnen wir hochachtungsvoll

Willy Seeger, Leiter der Anatolischen Industrie- und Handelsgesellschaft, Filiale Konia.
Georg Biegel, Mittelschullehrer.
Heinrich Janson, Werkmeister.
J. E. Maurer, Diplom-Ingenieur.«

Ein erschütternder Augenzeugenbericht kam auch von dem Oberlehrer der deutschen Realschule in Aleppo, Dr. Martin Niepage. Dieser verfaßte ihn am 15. Oktober 1915 für den Deutschen Reichstag. Mitunterzeichnet wurde er vom Leiter der Schule, von einem deutsch-schweizerischen Kollegen und einer Missionarin. Dem Bericht waren Fotografien beigefügt.

Noch im Jahre 1916 erschien der Bericht in Deutschland und in der Schweiz unter dem Titel: *»Ein Wort an die berufenen Vertreter des deutschen Volkes«* bzw. *»Eindrücke eines deutschen Oberlehrers aus der Türkei«*. Niepage mußte 1916 die Türkei verlassen, weil Cemal Pascha ihn vors Kriegsgericht bringen lassen wollte.

Hier die wichtigsten Passagen aus dem Bericht:

»Aleppo, den 15. Oktober 1915.

Deutsche Realschule in Aleppo

Als Lehrer einer deutschen Schule, der sich ein weites Feld der Tätigkeit eröffnet hat, halten wir Unterzeichneten es für unsere Pflicht, das Auswärtige Amt auf die traurige Wirkung hinzuweisen, die diese hoffnungsvolle Arbeit durch die Gräßlichkeiten erleidet, die sich in der Austreibung der Armenier tagtäglich vor unseren Augen abspielen.
Wir wollen nicht bei den blutigen Greueln verweilen, mit denen die Wegführung der Armenier aus ihrem Gebirgslande zu beginnen pflegt; den Tausenden von Männern, die abgesondert oder manchmal vor den Augen der ihrigen abge-

schlachtet wurden; nicht bei den zahllosen Mädchen, Frauen und Kindern, die der Schändung oder der Verstümmelung durch ihre Wächter und deren Spießgesellen anheimfielen und deren nackte Leichen an den Wegen liegen, die die immer neuen Scharen der Verbannten wandern müssen; nicht bei den unsäglichen Roheiten, dem Verdursten, dem Hunger, die die übriggebliebenen, meist bis aufs letzte ausgeplünderten Witwen und Waisen dezimierten, ehe sie, oft zu Gerippen geworden, hier anlangen, um dann vielleicht – eine von sechs, die auszogen – auf einem ähnlichen Leidenswege ohne Existenzmöglichkeit wieder in die Wüste geschickt zu werden, auf daß der armenische Name verschwinde.
Das alles, nehmen wir an, wird dem Auswärtigen Amt durch seine Vertreter hier im Lande bekannt sein.
Dagegen sei uns erlaubt, einen kleinen Ausschnitt aus dem Massenelend dieser Volksvertilgung zu beleuchten, einen Ausschnitt, der uns dicht unmittelbar neben unserer Schule, nur durch eine schmale Gasse getrennt, entgegentritt.
Es ist da ein alter großer Chan, den die türkischen Behörden den Armeniern für ihre Vertriebenen, besonders die schwer Kranken, zur Verfügung gestellt haben. Also eine Art Krankenhaus, sollte man meinen. Treten wir durch den engen, schmalen Gang ein.
Einige Gewölbe, mit elenden, ausgemergelten Gestalten, in Lumpen gehüllt, auf der nackten Erde, bestenfalls auf einigen ärmlichen Resten ihrer fahrenden Habe gelagert. Frauen und Kinder. Hin und wieder ein Greis. Das Mannesalter fehlt.
Wir treten auf den Hof. Er ist ein einziger Abort geworden. Am Rande, vor jenen Gewölben, Haufen von Kranken, Sterbenden, Toten, durcheinander in ihrem Unrat liegend. Millionen Fliegen auf den erschöpften Kranken und auf den Leichen. Stöhnen, Wimmern, hier und da ein Schrei nach dem Arzt, eine Klage wegen der von Hunderten von Fliegen gepeinigten Augenhöhlen. Neben der nackten Leiche eines Greises zwei Kinder, die ihre Notdurft verrichten.
Wir steigen über den mit Exkrementen bedeckten Hof in ein Gewölbe.
Ein Dutzend Kinder, halb verhungert, stumpf; einige sterbende – oder tote? – darunter. Keiner nimmt sich ihrer an. Aus einer finsteren Nische wurde eine halbverweste Knabenleiche hervorgezogen, auf die man erst durch den Verwesungsgeruch aufmerksam geworden war. Da sind Wai-

sen, deren Mütter in diesen letzten Tagen in diesen Räumen starben. Kein Arzt erscheint hier. Keine Arznei bringt Linderung. Auch sie sind einem schrecklichen Tode geweiht. Sie werden verhungern. Die Regierung liefert diesem »Krankenhause« Linsen oder Burgul (eine Art Weizenschrot), oder schwarzes Soldatenbrot. Der geschwächte Magen dieser elenden, oft Wochen, ja Monate durch wasserlose Hitze getriebenen Geschöpfe verträgt solche Nahrung nicht mehr, die ohnehin nicht entfernt hinreichen würde. Dysenterie, Entkräftung, Typhus folgen.
Inzwischen sind Lastträger mit Särgen erschienen. Ein Teil der in den letzten Tagen Gestorbenen wird, wie sie sind, hineingelegt, zum nächsten Kirchhof getragen, in das Massengrab entleert. Der Transport mit Särgen (die bloße Traggelegenheit sind) genügt nicht; sterben doch täglich 100 bis 150 der hierher gelangten Überlebenden; auf Lastwagen werden die Leichen ladungsweise abgefahren; eine Plane deckt das Schlimmste. Beine, ein Kopf hier und da, baumeln herunter, wie der Karren über die Straße rattert.
Unmittelbar neben dem Schauplatz dieser Szenen sind wir deutschen Lehrer gezwungen, unsere Schüler einzuführen in deutsche Kultur. Sie haben vielleicht auf dem Gange zur Schule einen solchen Wagen voll Leichen gekreuzt oder das Stöhnen der elenden Opfer aus dem offenen Fenster der Gewölbe gehört oder sind von den Jammergestalten angebettelt worden, die, um Luft zu schöpfen, auf die enge Straße hinausgekrochen sind, aber in ihrer Schwäche sich nicht wieder haben zurückschleppen können, und die nun fliegenbedeckt und sterbend auf der Straße liegen.
In welcher Stimmung sollen die Schüler, wenn sie Armenier sind, sich von uns, ihren Lehrern, in Geschichte und Heimatkunde, in Religion u. a. unterweisen lassen, wenn in den der Schule benachbarten Höfen ihre Volksgenossen verhungern?!
Ja, glaubt man, daß die muhammedanischen Kinder nicht irre werden, wenn sie angesichts solcher Bilder unsere Lehren hören? Gibt es doch zahllose, anständige Muhammedaner, die dieses Massenmorden an unschuldigen Frauen und Kindern voll Abscheu als Sünde wider die Gebote Gottes des Barmherzigen verurteilen und, nicht fassend, daß ihre eigene Regierung die Urheberin solcher sündhaften Greuel sein könne, in den Deutschen die Urheber suchen. Gräßliche Flecken drohen hier dem Ehrenschilde Deutschlands in der zukünftigen geschichtlichen Erinnerung der morgenländischen Völker!

Es ist nicht unsere Sache, die politische Berechtigung der Vertreibung der Armenier aus ihrem Gebirgslande zu erörtern. Darauf aber wollen und müssen wir mit lauter Stimme hinweisen: daß die deutsche Schularbeit bei der Fortdauer dieser gräßlichen Art der Vertreibung in Form eines Massenmordens an Frauen und Kindern, eines Massenmordens, wie es die Geschichte wohl noch nicht erlebt hat, in diesem Lande einen nicht wieder gut zu machenden Schaden erleidet.
Wir haben die Zuversicht zu dem Auswärtigen Amt, daß es seinem Einfluß gelingt, diesem schmählichen Morden noch in letzter Stunde Halt zu gebieten und uns deutsche Lehrer von der Scham zu befreien, die uns der Verdacht der Mittäterschaft schon jetzt hier – bei Christen und Muhammedanern – wie aber später erst in der ganzen Welt! – täglich mehr auf der Seele lasten läßt.

Oberlehrer Dr. Niepage«

Ein Nachtrag des Schreibens lautet:

»Die Darstellung des Kollegen Dr. Niepage übertreibt in keiner Weise. Wir atmen hier seit Monaten Leichengeruch und leben unter Sterbenden. Nur die Hoffnung auf ein baldiges Ende des himmelschreienden Zustandes erlaubt uns noch, an der Schule weiter zu arbeiten, und der Wille, der hiesigen nichttürkischen Bevölkerung mit unseren schwachen Hilfskräften zu beweisen, daß wir Deutsche persönlich nichts mit den entsetzlichen Methoden dieses Landes zu tun haben.

Schuldirektor Huber
Eduard Graeter, Dr. phil.
Marie Spieker.«

Die Deportationszüge waren meist von Massakern begleitet. In der Nähe von Mardin wurden nach einem Bericht des deutschen Konsuls 700 Christen abgeschlachtet. In Muş wurde eine schwedische Hilfsbundschwester Zeugin, wie Hunderte armenischer Frauen und Kinder lebendig verbrannt wurden. Ein deutscher Ingenieur der Bagdad-Bahn berichtete, daß am Bahndamm massenhaft nackte Leichen geschändeter Frauen herumlagen. Der deutsche Konsul in Mossul sah selbst auf dem Weg von Mossul nach Aleppo so viele abgehackte Kinderhände, *»daß man damit hätte die Straßen pflastern können«...*

Wer die Deportationen und Massaker auf dem Wege überlebte, kam am Ende des Todesmarsches in Lager, die wahre Todeslager waren. Oft waren es muslimische Freiwillige, Kurden, Tscherkessen und Tschetschenen, die solche Lager plünderten und die noch Lebenden systematisch töteten.

Wie planmäßig all das organisiert war, zeigt ein Blick auf die Zeittafel im Sommer 1915.

»Jetzt bestand kein Zweifel mehr«, schreibt Lepsius, *»daß es sich nicht um militärische Maßnahmen zur Sicherung des Reiches, sondern um eine planmäßige Vernichtung des armenischen Volkes handelte. Es folgen Schlag auf Schlag:*

14.06.–15.07.
Deportation der Armenier von Erzerum.
24.06. Deportation der Armenier von Schabin-Karahissar.
25.06. Deportation der Armenier von Siwas.
26.06. Deportation der Armenier von Mamuret ul Asis (Kharput)
26.06. Deportation der Armenier von Trapezunt.
26.06. Deportation der Armenier von Erzerum.
27.06. Deportation der Armenier von Samsun.

01. 07. Massaker von Nisibin-Tell Ermen (Armenier und Syrer)
01.07. Massaker von Bitlis.
10.07. Massaker von Musch.
15.07. Massaker von Malatia.
27.07. Deportation des Küstengebietes von Cilicien und Antiochia.
28.07. Deportation von Aintab, Killis und Adiaman.
30.07. Deportation von Suedije.

12.08.–19.08.
Deportation von Westanatolien (Ismid, Baktschedschik, Brussa, Adabasar usw.)
16.08. Deportation von Marasch.
16.08. Deportation vonKonia.
19.08. Massaker in Urfa.«

Diese Massaker sind nicht nur durch Pastor Johannes Lepsius und andere Gewährsleute im deutschen Sprachraum einigermaßen bekannt, sondern auch, weil sich Adolf Hitler auf die Armenierendlösung berufen hat. Bereits am 22. August 1939, also noch vor Ausbruch des Zweiten Weltkriegs, ordnete er an: *»Ich habe den Befehl gegeben, ...daß das*

Kriegsziel nicht im Erreichen von bestimmten Linien, sondern in der physischen Vernichtung des Gegners besteht. So habe ich …meine Totenkopfverbände bereitgestellt mit dem Befehl, unbarmherzig und mitleidlos Mann, Weib und Kind polnischer Abstammung und Sprache in den Tod zu schicken. Nur so gewinnen wir den Lebensraum, den wir brauchen. Wer redet heute noch von der Vernichtung der Armenier?«

Im Jahre 1921, zwei Jahre bevor Hitler in München durch den Marsch zur Feldherrnhalle erstmals zur Macht kommen wollte, sprach ganz Berlin von den Armeniern. Denn einer der Hauptverantwortlichen für die Armeniervernichtung, Talaat Pascha, wurde am 15. März 1921 in Berlin von einem jungen Armenier erschossen, der alle seine Familienangehörigen im Jahre 1915 verloren hatte und selber nur wie durch ein Wunder unter Leichen liegend das Massaker überlebte.
Talaat Pascha war wie seine Mittäter nach dem verlorenen Krieg nach Berlin geflohen, weil ihm in Istanbul in einem Kriegsverbrecherprozeß die Todesstrafe drohte.

Als der Armenier, der ihn tötete, am 2. und 3. Juni 1921 in Berlin vor Gericht stand, kam die Schuld Talaat Paschas an der Vernichtung der Armenier zur Sprache. Als Sachverständiger war auch Dr. Johannes Lepsius vorgeladen, als Zeugen armenische Überlebende.
Die Anklage verzichtete angesichts der erdrückenden Beweise für die Urheberschaft Talaat Paschas auf eine Reihe weiterer Zeugen, darunter auch auf A. T. Wegener, der dann nach dem Freispruch des Armeniers das stenographische Protokoll des Prozesses veröffentlichte:
»Der Prozeß Talaat Pascha. Stenographischer Bericht über die Verhandlung gegen den des Mordes an Talaat Pascha angeklagten armenischen Studenten Salomon Teilirian vor dem Schwurgericht des Landgerichtes III zu Berlin.«
Wegener schreibt im Vorwort, daß das Unglück des armenischen Volkes ohne Beispiel sei, und bringt im Anhang auch Dokumente, die zeigen, daß Talaat Pascha auch gegen Türken und andere Muslime vorging, die armenische Waisenkinder adoptiert hatten.

Nicht zuletzt hat auch der Prager jüdische Schriftsteller Franz Werfel mit seinem Roman *»Die vierzig Tage des Musa Dagh«* dazu beigetragen, daß diese armenische Tragödie nicht ganz vergessen wurde.

In einer *»Nachbemerkung des Autors«* schreibt er zu seinem Roman: *»Dieses Werk wurde im März des Jahres 1929 bei einem Aufenthalt in Damaskus entworfen. Das Jammerbild verstümmelter und verhungerter Flüchtlingskinder, die in einer Teppichfabrik arbeiteten, gab den entscheidenden Anstoß, das unfaßbare Schicksal des armenischen Volkes dem Totenreich alles Geschehenen zu entreißen.«*

Werfels Roman fußt auf der historischen Grundlage, daß sich 1915 die Bewohner einiger armenischer Dörfer bei Antiochien auf den Musa Dagh (Moses-Berg) zurückzogen und alle Angriffe türkischer Einheiten abwehren konnten, bis sie nach 40 Tagen von einem französischen Kriegsschiff gerettet und nach Alexandrien gebracht wurden.

1997 ist Werfels Roman auch in der Türkei in türkischer Übersetzung erschienen. *»Die vierzig Tage des Musa Dagh«* ist kein antitürkisches Buch, denn Werfel zitiert auch Nezimi Bey: *»An den armenischen Leichenfeldern wird die Türkei zugrunde gehen«*, und er läßt ihn gegenüber Dr. Johannes Lepsius fragen: *»Wissen Sie, daß die wahren Türken die armenischen Verschickungen noch heftiger verwerfen als Sie?«*
Durch Nezimis Vermittlung kam Lepsius auch Scheich Ahmed und dessen Derwisch-Orden besuchen. In dem Gespräch wird der *»Nationalismus, der heute bei uns herrscht«*, als Ursache genannt, *»ein fremdes Gift, das aus Europa kam. Vor wenigen Jahrzehnten noch lebten unsere Völker treu unter der Fahne des Propheten: Türken, Araber, Kurden, Lasen und andere mehr. Der Geist des Korans glich die irdischen Unterschiede des Blutes aus.«*
Der alte Scheich erklärt Lepsius: *»Der Nationalismus füllt die brennend-leere Stelle, die Allah im menschlichen Herzen zurückläßt, wenn er daraus vertrieben wird.«*
Ein Hauptmann, der Mitglied des Ordens ist, berichtet, daß er mehr als tausend Waisenkinder in türkischen und arabischen Familien unterbrachte. Schließlich bringen Derwische sogar etwas Hilfe für die Belagerten auf dem Musa Dagh.

Wenig bekannt ist bis heute, daß es 1919 bis 1921 auf Druck der alliierten Mächte Kriegsverbrecherprozesse gegen führende türkische Politiker gab, um den Völkermord an den Armeniern zu untersuchen und die Verantwortlichen zu bestrafen. Der türkische Wissenschaftler Taner Akçam hat diesen kaum beachteten Vorläufer der Nürnberger Prozesse auch dem deutschen Leser zugänglich gemacht und in den Zusammenhang des Unterganges der alten Sultansherrschaft und des Aufstiegs der jungtürkischen Bewegung gestellt. Das Engagement der Siegermächte war unehrlich, Hauptangeklagte wie Enver Pascha und Talat Pascha konnten fliehen und sich in Berlin frei bewegen wie heute Karadžić und Mladić in Jugoslawien. Zwar wurden Urteile gefällt und sogar Todesurteile vollstreckt, aber die alliierten Pläne zur Aufteilung Anatoliens und die griechische Besetzung Izmirs 1919 mit den schrecklichen Übergriffen gegen türkische Zivilisten riefen den Widerstand gegen die »Siegerjustiz« hervor. Die »nationale Souveränität« der Türkei siegte über den Prozeß, als die griechische Landung nicht geahndet wurde. Hatten zunächst sowohl die osmanische Regierung als auch die Nationalbewegung in Anatolien Bereitschaft gezeigt, die Verantwortlichen des Völkermordes zu bestrafen, so verschwand diese Bereitschaft bald. *»Das Recht hat jetzt die Seite gewechselt«*, sagte Winston Churchill nach der Landung der Griechen in Izmir. *»Die Gerechtigkeit, diese ewige Flüchtige aus den Räten der Eroberer, ist in das gegnerische Lager übergelaufen.«*

Ein vergessener Holocaust. Die Vertreibung und Vernichtung der christlichen Assyrer

Im Gegensatz zum Schicksal der Armenier ist das Los der syrisch-jakobitischen, syrisch-unierten, nestorianischen und chaldäischen Assyrer aramäischer Muttersprache in Anatolien bei uns fast unbekannt geblieben. Erst 1990 hat dazu Gabriele Yonan mit ihrem Buch *»Ein vergessener Holocaust. Die Vernichtung der christlichen Assyrer in der Türkei«* wieder darüber informiert. Dabei hatten manche Dokumentationen über die Armenier auch das Leid der Assyrer behandelt. *»Der Unterschied zwischen den Armenier-Massakern und den Assyrer-Massakern liegt darin«*, so schreibt Rev. Dr. W. A. Wigram schon 1920, *»daß in ersterem Fall alles mögliche unternommen wurde, es in der Welt bekannt zu machen, während im zweiten Fall jede mögliche Vorsicht gewaltet hat, diese traurige Tatsache zu verschweigen.«*

Die syrischen Christen verschiedener Konfessionen hatten gerade erst im 19. Jahrhundert begonnen, über konfessionelle Trennungen hinweg ein »assyrisches« Nationalbewußtsein zu entwickeln und das Neuaramäsiche bzw. Neusyrische als Nationalsprache neu zu beleben.
Dann wurde im Ersten Weltkrieg eine halbe Million von ihnen ermordet, die Überlebenden flohen in den Irak, nach Syrien oder in den Libanon, wurden von Engländern und Franzosen politisch und militärisch mißbraucht, fallengelassen und noch im Zweiten Weltkrieg als Kanonenfutter verheizt.

Bereits im März 1915 wurden 70 assyrische Dörfer in Ostanatolien zerstört, als sich dort die russischen Truppen zurückzogen. Kurdische Freiwillige plünderten mit türkischen Einheiten und säuberten diese Gebiete ethnisch. Unter den Berichten der deutschen Konsuln aus Ostanatolien und Mesopotamien über die Greueltaten an den Armeniern tauchen immer wieder auch Hinweise auf Nestorianer, Chaldäer und andere syrische Christen auf, derer sich die Türken auf diese Weise ebenfalls entledigen wollten. In einem Schreiben an den Reichskanzler vom 12. August 1915 stellt der damalige Vertreter des deutschen Botschafters in Konstantinopel, Fürst Hohenlohe-Langenburg, fest, daß *»an gewissen Plätzen, wie in Mardin, ...alle Christen ohne Unterschied der Rasse und Konfession dasselbe Schicksal erlitten«* (wie die Armenier).

Am 15. Juli hatte bereits Vizekonsul Holstein aus Mossul an die deutsche Botschaft in Pera telegrafiert, daß *»das chaldäische Dorf Feihschabur bei Djesireh (Wilayet Diarbekr) ...vorigen Samstag von Musulmanischen Kurden überfallen und seine ausschließlich aus chaldäischen Christen bestehende Bevölkerung massakriert wurde«.*
Am 21. Juli 1915 telegrafiert er von neuem an die Deutsche Botschaft: *»Hier sind bisher rund sechshundert Frauen und Kinder (armenische, chaldäische, syrische) eingetroffen, deren männliche Verwandte in Soert, Mardin und Feihschabur massakriert worden sind; ebenso viele werden in den nächsten Tagen erwartet.*
Das Elend dieser Menschen ist nicht zu beschreiben, ihre Kleider verfaulen ihnen am Leibe; täglich sterben Frauen und Kinder Hungers...«

Als 1918 die russische Front in Ostanatolien nach dem Frieden von Brest-Litowsk zusammenbrach, kam es zum Exodus der Nestorianer im strengen Winter nach Rußland, der Zehntausenden das Leben kostete. Seitdem leben auch Zehntausende von Assyrern, im Russischen Ajsori genannt, in Rußland bzw. einigen Staaten der ehemaligen Sowjetunion, wie Georgien und Armenien.

Griechenlands Wahn von der »Großen Idee«

Ein letzter und entscheidender Vernichtungsschlag gegen das Christentum in Kleinasien erfolgte in den frühen zwanziger Jahren, als zunächst Griechenland von Smyrna aus den türkischen Reststaat angriff, um seine *»Große Idee«*, die megali idea des wiedererstehenden Byzantinischen Reiches, zu verwirklichen.

Diese griechische kleinasiatische Tragödie hat antikes Ausmaß durch die Schuld Athens. Sie läßt sich mit der Mitschuld Deutschlands durch die Verbrechen Hitlers am Untergang des Deutschtums Ostmitteleuropas vergleichen.

Schon am 15. Mai 1919 hatten griechische Truppen begonnen, Izmir zu besetzen und dabei allein am ersten Tag über 1000 türkische Zivilisten getötet. Eine Untersuchungskommission der Delegationen der Pariser Vorortverträge befand Griechenland dafür schuldig. Dieses Vorgehen Griechenlands wird leider bis heute kaum genannt. Griechenland sieht sich nur in der Rolle des Opfers, so wie bis heute auch ostdeutsche Vertriebene den Anteil Hitlers an ihrem Schicksal nicht wahrhaben wollen.

Die Okkupation fügte auch der Durchführung des Istanbuler Kriegsverbrecherprozesses schwersten Schaden zu, denn *»erst im Zuge der Okkupation begann die kriegsmüde (türkische) Bevölkerung, die der Nationalbewegung zuerst gleichgültig oder ablehnend gegenüberstand, diese aktiv zu unterstützen«* (Taner Akçam).

Als die Alliierten bei Kriegsende 1918 Istanbul besetzten, erhofften viele Griechen den Anschluß Istanbuls an Griechenland. Vom Ökumenischen Patriarchat und den griechischen Kirchen wehten griechische Flaggen. Der Patriarch entband alle griechischen Untertanen des Sultans vom Treueeid an den Osmanischen Staat. Italienische Truppen standen in Antalya, französische in Kilikien. Der Friedensvertrag von Sèvres sollte die Türkei amputieren. Dies nutzte Griechenland zum Angriff.

Doch die Truppen Athens liefen sich in der Steppe Kleinasiens tot. Im Januar 1921 schlug sie Ismet Pascha (der spätere Ismet Inönü) bei Inönü und im März 1921 ein zweites

Mal. Nach der mehrtägigen blutigen Entscheidungsschlacht am Sakarya im August 1921 warf sie Kemal Pascha zurück, buchstäblich ins Meer.
Alliierte Kriegsschiffe lagen untätig im Hafen von Izmir, während die Türken die Christen der Stadt vernichteten. Pragmatisch zogen sich Italien und Frankreich aus ihren Interessenzonen in Kleinasien zurück, die Christen ihrem Schicksal überlassend.

Durch den Bevölkerungsaustausch aufgrund des Vertrages von Lausanne verschwand das Christentum aus Kleinasien, selbst die turkophonen Karamanli-Christen als Orthodoxe mit türkischer Muttersprache mußten das Land verlassen.
Nur in Konstantinopel, auf den vorgelagerten Prinzeninseln und den Inseln Imbros und Tenedos durften Griechen bleiben, als Pfand für die türkische Minderheit im griechischen Ost-Thrazien. Immerhin blieb das Ökumenische Patriarchat als religiöse Institution erhalten, auch das Armenische Patriarchat.

Wenn heute Bildungsreisende aus aller Welt Jahr für Jahr vor den vielen Ruinen in Kleinasien stehen, so sind nicht alle Ruinen Jahrhunderte oder gar Jahrtausende alt.
Im Baedeker-Reiseführer von 1914 wird noch die Koimesis-Kirche von Nizäa beschrieben: *»Im Narthex Mosaiken, die im XI. Jahrhundert … gestiftet worden sind.«* Erst 1923 wurde die Kirche zur Ruine. Kein türkischer Prospekt verrät, daß die herrliche Kirche von Aghtamar im Van-See erst in unserem Jahrhundert zerstört und somit zur Ruine wurde. Gleiches gilt von den griechischen Kirchen und Klöstern im Hinterland von Trapezunt, den georgischen Kreuzkuppelkirchen im Lasengebiet, von syrischen Bauwerken im Tur-Abdin.

Auch nach dem Zweiten Weltkrieg nahm der Exodus der Christen kein Ende. Die Zahl der verbliebenen Griechen sank von 110 000 auf heute einige Tausende, weil es in Istanbul immer wieder zu Übergriffen, ja Pogromen kam, so 1955 und 1974 während der Zypernkrisen.
Am 6. September 1955, einem Dienstag, wurde *»die Großstadt Konstantinopel und ihre Umgebung zum Schauplatz beispielloser Flegeleien und Gewaltakte, die sich überwiegend gegen die griechische Bevölkerung richteten«.*
Damals wurden Bischöfe geschlagen, ein Priester lebendig verbrannt, 71 Kirchen und Kapellen zerstört oder stark beschädigt, darunter zwei aus byzantinischer Zeit. Patriar-

chengräber und Klöster, Friedhöfe und christliche Schulen, 1300 Privathäuser von Christen und 2300 griechische Geschäfte wurden zertrümmert. »Türkische Polizei und Soldaten befanden sich in der Menge der Aufrührer, während andere Polizisten einfach zuschauten und nicht einzugreifen wagten«, heißt es in einem Bericht der Athener Journalistenunion.

Als 1960 Präsident Menderes gestürzt wurde, wurden ihm in der Anklage auch diese Pogrome vorgeworfen.

Aber bis heute sind Christen in der Türkei. In Istanbul residiert noch im Phanar am Goldenen Horn der Ökumenische Patriarch des Neuen Rom, der Primus inter pares der Orthodoxen Kirche. Im Stadtteil Kumkapi ist noch der armenische Patriarch ansässig. Griechen und Armenier haben jeweils über 30 Kirchen.

Die katholische Kirche ist mit lateinischen, armenischen, chaldäischen Bischöfen, mit Klöstern vieler Orden, Pfarrkirchen für fremde Nationen und Schulen vertreten.
Insgesamt beträgt die Zahl der christlichen Gotteshäuser noch rund 150. Die einzelnen Kirchen haben Schulen, Vereine und Zeitungen. Es ist heute an der Zeit, objektiv die Vergangenheit zu sehen und der Türkei am Ende dieses Jahrhunderts den Weg nach Europa zu ebnen.

Hitlers Holocaust

Vertreibungen von Juden hat es in der Geschichte immer gegeben, im Mittelalter am Rhein und vielerorts in Europa, 1492 in Spanien.

In den Meldungen nationalsozialistischer Statthalter während des Zweiten Weltkrieges nach Berlin, ihre Gebiete seien *»judenfrei«,* gipfelt das Verbrechen des latent vorhandenen Antisemitismus im Holocaust zum staatlich sanktionierten und später staatlich diktierten Terror und zur letzten Konsequenz totaler ethnischer Säuberung. Die Ausrottung der Juden war ein nationalsozialistisches Ziel, zu dem seit 1935 die *»Nürnberger Gesetze«* dienten sowie Berufsverbote und *»Arisierung«* der jüdischen Betriebe. So flohen bereits bis 1939 mehr als 300 000 Juden aus Deutschland, nur weiteren 70 000 gelang dies in den ersten Kriegsjahren bis zur *»Endlösung«.*

Mit der Reichskristallnacht, der Zerstörung von 600 Synagogen und der Plünderung und Verwüstung jüdischer Häuser zeigte der Nationalsozialismus sein wahres Gesicht, das seit dem Überfall auf Polen immer mehr zur teuflischen Fratze wurde. Ghettos, Massaker, Vernichtungslager waren möglich durch Zustimmung und Kollaboration der von Deutschland besetzten Völker. Seit 1941 begann die systematische Ausrottung durch Massenerschießungen und in Vernichtungslagern mit Gaskammern und Verbrennungsöfen für Millionen unschuldiger Menschen. Der Holocaust veränderte nicht nur die jüdische Welt von Grund auf, sondern ganz Europa, da auch die Überlebenden nach 1945 zu einem großen Teil Europa verließen, um nach Israel zu gehen. Dies zeigt ein Vergleich der jüdischen Bevölkerung in einigen europäischen Ländern für die Jahre vor und nach dem Zweiten Weltkrieg: In Deutschland gab es 1933 noch eine halbe Million Juden, heute 30 000. Von 3,5 Millionen im Polen der Vorkriegszeit sank die Zahl auf 10 000, in Rumänien von 800 000 auf 15 000, in Griechenland von 77 000 auf 4800.

Auch gegenüber Zigeunern (Sinti und Roma) betrieb der Nationalsozialismus Völkermord. Sie wurden seit 1933 gesellschaftlich ausgegrenzt und zu Beginn des Krieges systematisch deportiert. Der Völkermord an ihnen erfolgte durch Massenerschießungen, durch Vergasung im »Zigeuner-Lager« Auschwitz-Birkenau, durch medizinische Experimente in Form mörderischer Menschenversuche an ihnen in den KZs sowie infolge »Vernichtung durch Arbeit«. Leider blieb dieser Völkermord fast vier Jahrzehnte nach dem Zweiten Weltkrieg nur wenig beachtet, obgleich ihm 500 000 Sinti und Roma zum Opfer fielen.

Aus elf europäischen Ländern rollten die Vernichtungszüge. In Deutschland hatten Sinti und Roma 600 Jahre gelebt, ehe die NS-Auskunftei mit ihren Erhebungen über die beiden *»außereuropäischen Fremdrassen«* in Deutschland (Juden und Zigeuner) begann. Am 7. Juli 1942 erklärte der Reichskommissar für das Ostland über die Zigeuner: *»Ich bestimme, daß sie in der Behandlung den Juden gleichgestellt werden.«*

Die Kumpanei Hitlers und Stalins

Ein neues Kapitel von ethnischer Säuberung durch Vertreibung und Aussiedlung schlagen Adolf Hitler und Josef Stalin nach ihrem Pakt vom 23. August 1939 auf. Mit ihrer Neuaufteilung Ostmitteleuropas setzen sie Völkerströme in Bewegung, die durch den Zweiten Weltkrieg zum Strudel der Ereignisse führen, die in der Vertreibung von mehr als einem Dutzend Millionen Deutscher enden, unter ihnen auch mehr als drei Millionen Deutsche aus der Tschechoslowakei.

»Das größte internationale Verbrechen des Jahres 1939« hat der deutsch-jüdische Lette Mavriks Vulfsons, einer der Gründer der Volksfront Lettlands, diesen Pakt zwischen Hitler und Stalin genannt.

Bereits am 15. Oktober 1939 schloß das Deutsche Reich ein Umsiedlungsprotokoll mit dem Freistaat Estland, am 30. Oktober 1939 einen Umsiedlungsvertrag mit der Republik Lettland. Am 16. November 1939 folgte ein *»Abkommen über die Umsiedlung der deutschstämmigen Bevölkerung der UdSSR und der ukrainischen und weissrussischen Bevölkerung aus den zur Interessensphäre des Deutschen Reiches gehörenden Gebieten des früheren polnischen Staates«,* das ein Ende der deutschen Volksgruppen in Galizien und Wolhynien bedeutete.
Weitere solche Abkommen wurden am 5. September 1940 mit Moskau betreffend Bessarabien und die Nordbukowina und am 10. Januar 1941 betreffend die Litauische SSR bzw. Lettische und Estnische SSR getroffen. Damit zeigte der Nationalsozialismus sein verbrecherisches und antideutsches Gesicht ebenso offen wie im Falle der Umsiedlung der Südtiroler.

Im Baltikum wurde in wenigen Wochen »abgewickelt«, was in einem Dreivierteljahrtausend seit der Gründung Rigas an deutscher Kultur geschaffen worden war. Das Deutschtum Bessarabiens wurde ebenso liquidiert wie jenes in der Bukowina, jenem ehemaligen Kronland des Habsburgerreiches, in dem seit 1912 der Mährische Ausgleich übertragen worden war.

Mit diesen Umsiedlungen schuf Hitler-Deutschland das Vorbild für die Vertreibungen der Deutschen aus Ost(mittel)europa, denn die Umsiedlungen waren alles andere als freiwillig. So entsinnt sich Erich von Noltein: *»Es gab zum Beispiel den Fall des Pfarrers oder Pastors Graß, der seine Gemeinde aufrief, in Lettland zu bleiben und der dann stark – deutscherseits – diffamiert wurde, damit die Gemeinde sich entschloß, mit auszuwandern oder umzusiedeln. Offiziell hieß die Umsiedlung Repatriierung. Der andere Fall war verbunden mit der Lehrerin namens Unvericht. Sie hatte vor, eine deutsche Schule für diejenigen zu gründen, die dort bleiben. Auch dieser Fall wurde geradezu terrorähnlich abgewürgt.«*

Die Nationalsozialisten hatten bereits eine »politisch mitleidlos agierende Propagandamaschinerie« in Gang gesetzt. So schrieb denn auch am 8. November 1939 die *»Rigasche Rundschau«* deutlich:
»Wer heute nicht gehorchen lernt und gegen die Disziplin verstößt, stört das Umsiedlungswerk und muß mit hartem Durchgreifen rechnen.« Oder: *»Wer sich in diesen Tagen von seiner Volksgruppe löst, um im Lande zu bleiben, scheidet sich für alle Zeiten vom deutschen Volke.«*

Diese Umsiedlungen durch die Nationalsozialisten geschahen auf vier verschiedenen Gebieten. Es waren dies:

1. Umsiedlungen Volksdeutscher bzw. Austausch mit Fremdvölkischen aufgrund völkerrechtlicher Verträge mit oder betreffend osteuropäische Staaten. Hiervon gibt es 15 Verträge.
2. Umsiedlungen der Volksdeutschen Südtirols aufgrund eines wirren Komplexes zahlloser Vereinbarungen mit Italien.
3. Umsiedlungen Volksdeutscher aus den von Deutschland besetzten Gebieten im Westen (Frankreich, Luxemburg) und im Osten (Polen, Rußland, Serbien, Griechenland), die ohne vertragliche Grundlage erfolgten. In manchen Fällen sind hierbei Umsiedlungen und Flüchtlingsbewegungen nicht zu trennen.
4. Umsiedlungen von Fremdvölkischen, die oft in Form von Deportationen erfolgten, insbesondere bei Polen und Juden. Nur in wenigen Fällen gibt es auch hiervon vertragliche Abmachungen, z. B. mit Bulgarien vom 22. Februar 1943.

Vielen der von Hitler Umgesiedelten und *»Heim ins Reich«*-Geholten wurden Wohnungen im Gau Wartheland, Posen und anderen eroberten Gebieten angewiesen, von wo die

einheimische Bevölkerung vertrieben worden war. So kamen die meisten Baltendeutschen in die Gebiete Polens, und zwar 29000 nach Posen, 8500 nach Lodz, weitere nach Gdingen, Kalisch, Lissa oder Bromberg.
Seit 1944 mußten diese Deutschen erneut aufbrechen, als die Rote Armee nahte. Wem dies nicht gelang, wurde von den Sowjets verschleppt.
Besonders menschenverachtend ging das NS-Regime mit den Deutschen aus Litauen um, deren Umsiedlung erst im Frühjahr 1941 erfolgte. Als unmittelbar darauf Hitler den Befehl zum Angriff auf die Sowjetunion gab und Litauen erobert wurde, ließ Hitler die Litauendeutschen wieder in Litauen ansiedeln, nun aber nicht auf ihren Höfen, sondern auf enteignetem polnischen und jüdischem Besitz. Bis Ende 1942 waren bereits 16200 deutsche »Kolonisten« wieder in Litauen. Die Ansiedlung wurde auch 1943 und noch in den ersten Monaten des Jahres 1944 weitergeführt, ehe am 22. Juni 1944 die Front zusammenbrach und die Flucht einsetzte.
So betragen denn auch die Gesamtverluste der deutschen Volksgruppe aus Litauen 22,8%.
1955 sprach der ostdeutsche Schriftsteller Edzard Schaper, aus Polen gebürtig, aber in der Zwischenkriegszeit im Baltikum lebend, auf dem Tag der Heimat in Stuttgart zu *»Flucht und Bleibe. Ein Wort an die geflüchteten und vertriebenen Deutschen.«* Er erinnerte dabei an den *»unleugbaren Tatbestand: daß der Austreibung des Deutschtums aus seiner angestammten Heimat im Südosten und Osten eine Entrechtung und Austreibung des Westslawentums in den Osten und eine aller Menschenrechte spottende Entwürdigung fremden Volkstums und fremder Völker als Untermenschen durch das deutsche Gewaltregime vorausgegangen war. Gedenken Sie nur jener Flucht erster Klasse, welche die Umsiedlungen aus dem europäischen Nordosten bedeutet haben! Deren problematische Nutznießer: das baltische Deutschtum, hatte nur im persönlichen Gewissen des einzelnen mit sich abzumachen gehabt, ob es die noch warmen Betten der vertriebenen Polen, in die es eingewiesen wurde, nun als brennende Hölle des Völkerunrechts oder als traute Wärme eines neuen eigenen Heimes aufzufassen habe. Weithin in der Welt vermißt man bei der Deutschen Bundesrepublik auch eine klare Unterscheidung zwischen dem Geflüchteten – also den Gefahren einer militärischen Kampfhandlung Ausgewichenen – und den Vertriebenen, welche von der Siegermacht zur Homo-*

genisierung des Volkstums in dem von ihr eroberten und neu besiedelten Gebiet nach nationalsozialistischem Muster ausgesiedelt und also im eigentlichen Sinne des Wortes nach Beendigung der militärischen Kampfhandlungen vertrieben worden sind«.

Zum 40. Jahrestag der Vertreibung hatte der Bayerische Rundfunk Augenzeugen aus den verschiedenen Siedlungs- und Vertreibungsgebieten zu Wort kommen lassen. Diese Sendereihe ist von Hans-Ulrich Engel unter den Titel *»40 Jahre nach Flucht und Vertreibung... Als der Exodus begann. Augenzeugen berichten«* als Buch herausgegeben worden.

Zahlreiche Berichte darin sprechen von den Enttäuschungen und Gewissenskonflikten der Ansiedlung, wenn das Feuer in den Herden der polnischen Höfe noch von den vertriebenen Vorgängern brannte. Ein Betroffener erzählt: *»Für mich persönlich kann ich nur bestätigen, daß ich die Wohnung, die man mir in Lodz angeboten hatte – die Wohnung eines reichen polnischen Industriellen – abgelehnt habe und in eine leerstehende Wohnung eingezogen bin, für die ich mir dann allmählich die Möbel selber zusammengekauft habe. Ich weiß auch von meinem Schwager, der es abgelehnt hat, den Hof eines benachbarten Polen zu übernehmen, weil dieser Pole ja kleine Kinder hatte. Man hat dafür meinen Schwager rasch an die Front geschickt.«*

Die Enttäuschung vieler Umgesiedelter war groß, da sie zunächst in Lager gesteckt wurden: »Die Lager kann ich nur als katastrophal bezeichnen. Ich war damals 16 Jahre alt, und wir waren in Ybbs im Schloß. Wir waren in verschiedenen größeren Städten, in Schulen. Und immer mit fünf, sechs Familien in einem Zimmer. Das war das Katastrophale für die ältere Generation. Und wir haben eine Gemeinschaftsküche gehabt, sodaß unsere Leute sich anstellen mußten zum Essen. Das war von 1940 bis 1944. Mitte 1944 ist ein Teil unserer Landsleute dann in die Tschechei zwangsumgesidelt worden. Dort hat man uns hingebracht und hat die Tschechen von den Höfen runter und unsere Landsleute auf den Hof gesetzt als Eigentümer, so wie es uns versprochen war. Aber viele unserer Landsleute haben den Wunsch nicht entgegengenommen, sondern haben sich geweigert, solche Höfe anzunehmen, denn es ist uns versprochen worden, im Deutschen Reich und nicht in der Tschechoslowakei anzusiedeln.« So erzählt ein Dobrudschadeutscher. *»Ein Großteil unserer Leute, der evangelische Teil und ein Großteil auch katholische Dörfer, waren im*

Warthegau angesiedelt. Die waren schon 1943 nach dem Warthegau gekommen und haben nach dem Krieg das gleiche Schicksal erlebt wie unsere Landsleute.«
Umsiedlung, Flucht, Evakuierung, wilde Vertreibungen mündeten dann auf der Konferenz von Potsdam in den Plan des Transfers der deutschen Bevölkerung in Form einer »›humanen‹ Umsiedlung« aus den deutschen Ostgebieten, der Tschechoslowakei und Ungarns.

Die Statistik kann nur die Zahlen wiedergeben, nicht das Ausmaß dieser menschlichen Tragödie.

Bereits im Krieg umgesiedelt wurden von den deutschen Behörden über 900 000 Deutsche:

Polen	Narew-Gebiet	11 000
	Cholmer Land	31 000
	Wolhynien, Polesien	67 000
	Galizien	57 000
	zusammen	166 000
Baltische Staaten	Estland	17 000
	Lettland	59 000
	Litauen	51 000
	zusammen	127 000
Sowjetunion	Wolhynien (Ost)	45 000
	übrige Ukraine	280 000
	Krim	5 000
	Nordkaukausus	5 000
	Südkaukasus	5 000
	übrige Gebiete	30 000
	zusammen	370 000
Rumänien	Bessarabien	92 000
	Buchenland	95 000
	Dobrudscha	15 000
	Alt-Rumänien	10 000
	zusammen	212 000
Jugoslawien	Bosnien, Serbien, Herzegowina	20 000
	Krain	15 000
	zusammen	35 000
Insgesamt		910 000

Dazu kommen ebenso viele Deutsche, die bereits im Krieg durch Stalin das Schicksal der Vertreibung erlitten.

Stalins Völkermord durch Vertreibung

Eines der dunkelsten Kapitel einer Geschichte von Vertreibung und Deportation ist die Behandlung von acht Völkern und Volksgruppen, die Stalin *»aus der einigen Familie der Sowjetvölker«* ausstieß: Es waren dies die Wolgadeutschen und andere Deutsche in der Sowjetunion (Krim- und Kaukasus- sowie Schwarzmeerdeutsche), die Krimtataren, Kalmücken, Inguschen und Tschetschenen, die Karatschaier und Balkaren sowie die Meschketen im südlichen Georgien.

Am 28. August 1941 erließ Stalin das Dekret über die Deportation der Wolgadeutschen, am 7. September erfolgte das Dekret über die Aufteilung der Wolgadeutschen Republik. Im Oktober und November 1943 wurden die Karatschaier aus dem Nordkaukasus deportiert, im Dezember des gleichen Jahres die Kalmücken aus ihren Siedlungsgebieten an der unteren Wolga, worüber am 27. Dezember ein Dekret erlassen wurde. Es erfolgte dann am 22. Februar 1944 die Deportation der Tschetschenen und Inguschen aus dem Kaukasus (Dekret hierüber am 7. März). Im März und April 1944 deportierte man von dort auch die Balkaren, seit dem 18. und 19. Mai schließlich die Krimtataren, im November die Völker von Meschketi im südlichen Georgien. Die Dekrete über die Zwangsumsiedlung der Balkaren und Krimtataren wurden erst am 26. Juni 1946 veröffentlicht, jene über die Meschketen überhaupt nicht.

Diese Deportationen verdeutlichen, welches Unrecht in der Sowjetunion geschehen konnte, ohne daß eine Nachricht nach außen drang, denn die umfangreiche Deportation von 200 000 Meschketen aus ihrer Heimat südlich des Kaukasus nach Zentralasien wurde im Westen erst 1968 bekannt.

Über die Deportierung der anderen Völker wurden Einzelheiten auch erst zehn Jahre nach Kriegsende 1955 bekanntgegeben, als erstmals Tschetschenen in der Verbannung erwähnt wurden und man die verbannten Völker aus der Kontrolle des Geheimdienstes entließ.

Im Jahre 1957 wurde dann für Balkaren, Tschetschenen, Kalmücken, Inguschen und Karatschaier die nationale Autonomie in ihren ursprünglichen Gebieten wiederhergestellt und die Rückkehr dorthin erlaubt. Dies geschah, nachdem Chruschtschow in seiner Geheimrede auf dem 20. Parteitag im Februar 1956 vom Unrecht Stalins gegenüber diesen Völkern gesprochen hatte. Die ebenfalls rehabilitierten Wolgadeutschen und Krimtataren durften aber bis zum Ende der Sowjetunion nicht in ihre ehemaligen Wohngebiete zurückkehren.

Die Deportationstragödie hatte für viele Rußlanddeutsche bereits in den Dreißiger Jahren begonnen, als man sie als Kulaken, d. h. »Großbauern«, nach Sibirien und Zentralasien verschleppte.
Eine Augenzeugin berichtet: *»Die Nachricht über die bevorstehende Deportation empfing man mit Entsetzen. Sie fand gewöhnlich nachts statt, es blieb also nur wenig Zeit zum Packen des Allernotwendigsten. Die vorwiegend kinderreichen Familien sammelten in der Eile und Verwirrung meistens Gegenstände, die gerade greifbar waren, und ließen das für das spätere Leben Wichtige zurück. Mit Pferdegespannen wurden sie zu den Bahnstationen gebracht und in Güterwagen verladen. Lange Eisenbahnzüge brachten die Deutschen nach dem Osten. Schon unterwegs ins Ungewisse wurden viele Familien getrennt. Nach einem sehr langen Weg trafen sie, halb verhungert und geschunden, in der Einöde von Kasachstan ein. Sie wurden bis zur Endstation der erst vor kurzem von Häftlingen erbauten Bahn gebracht. Als das Kommando ertönte ›Ausladen‹ und die Waggontüren sich öffneten, erblickten die Deportierten voller Grauen eine unendliche Steppe, die mit Steppendisteln, den Karagannik bewachsen war, kein Haus, keine Hütte, kein einziger Baum.«*

So schrieb Valentina Dötzel nach ihrer Rückkehr in den 70er Jahren nach Deutschland. Man ließ die Deutschen in dieser Einöde ohne Nahrung zurück, der Zug setzte sich rückwärts wieder in Bewegung, und die Verbannten bleiben ihrem Schicksal überlassen. Nach verschiedenen Berichten, darunter auch des Vaters des heutigen katholischen Bischofs Josef Werth von Novosibirsk, gab es dabei erstaunliche Ergebenheiten in den Willen Gottes, aber auch des Überlebens. So berichtete Frau Dötzel, daß bei ihrer Deportation in diesem Elend sich einer der Männer als erster faßte und sagte: *»Meine lieben guten Menschen, beruhigt euch, ihr Frauen, hört auf zu weinen. Es ist wohl der Wille Gottes, daß wir jetzt hier sind. Wenn wir dem Herrn unseren Dank in der Zeit brachten, da es uns gut ging, so wollen wir Ihm auch hier danken und Ihn bitten, er möge uns* *nicht verlassen, sondern helfen und unser Vater im Himmel sein. Singen wir jetzt gemeinsam Te Deum Laudamus.«*

Was in unserer Zeit unfaßbar scheint, geschah damals. Die in den 30er Jahren vom europäischen Rußland hinter den Ural verbannten Deutschen begannen ihre Überlebens- und Aufbauarbeit mit Lied und Gebet. In Erdbunkern für je 90 bis 100 Personen versuchte man zu überleben.

Die totale ethnische Säuberung der deutschen Siedlungsgebiete in der europäischen Sowjetunion westlich des Ural erfolgte dann im Krieg 1941 mit dem Erlaß des Obersten Sowjets vom 28. August *»Über die Übersiedlung der Deutschen, die in den Wolgarayons wohnen.«*
Der Erlaß wurde am 30. August auch in deutscher Sprache in den »Nachrichten« veröffentlicht, die bis dahin als Organ des Gebietskommitees der KPdSU und des Obersten Sowjets in der ASSRdWD (Autonome Sozialistische Sowjetrepublik der Wolgadeutschen) erschienen. Es heißt darin: *»Laut genauen Angaben, die die Militärbehörden erhalten haben, befinden sich unter der in den Wolgarayons lebenden deutschen Bevölkerung Tausende und aber Tausende Diversanten und Spione, die nach dem aus Deutschland gegebenen Signal Explosionen in den von den Wolgadeutschen bewohnten Rayons hervorrufen sollen. Über das Vorhandensein einer solch großen Zahl von Diversanten und Spionen unter den Wolgadeutschen hat keiner der Deutschen, die in den Wolgarayons leben, die Sowjetbehörden in Kenntnis gesetzt, folglich verheimlicht die deutsche Bevölkerung der Wolgarayons die Anwesenheit in ihrer Mitte der Feinde des Sowjetvolkes und der Sowjetmacht.« Dies wird als Grund genommen, um »zwecks Vorbeugung dieser unerwünschten Erscheinungen« und um »kein ernstes Blutvergießen zuzulassen«, die deutsche Bevölkerung in »die an Ackerland reichen Rayons des Nowosibirsker und Omsker Gebietes, des Altaigaus, Kasachstans und anderer Nachbarortschaften« umzusiedeln und »die übersiedelnden Wolgadeutschen mit Land und Nutzländereien in den neuen Rayons sicherzustellen.«*

Von einer Sicherstellung von Land und Nutzländern war nach der Deportation keine Rede.

Verschleppt wurden damals im Krieg außer den Deutschen auch 410 000 Tschetschenen, 250 000 Krimtataren, 135 000 Kalmücken, 105 000 Inguschen, 81 000 Karatschaier und 42 000 Balkaren.

Die Verluste waren gewaltig: Bei den Krimtataren z. B. starben 46,3% der Verschleppten bei der Deportierung oder den ersten 18 Monaten danach.

Angehörige der polnischen Anders-Armee berichteten später über das Schicksal der verschleppten Deutschen, auch General Anders selbst in seinem Buch *»Ohne das letzte Kapitel«*. Bei Temperaturen von 40 bis 50 Grad unter dem Gefrierpunkt, ohne warme Verpflegung auf freiem Felde, so starben im ersten Winter bei Tscheljabinsk östlich des Urals Zehntausende in der zentralasiatischen Steppe, in der Taiga oder sibirischen Tundra. Auch die Deportation der Schwarzmeer-, Krim- und Kaukasusdeutschen erfolgte unter großen Verlusten an Menschenleben.

Aber es blieb nicht nur bei diesen Massenverschleppungen, denn auch in der Ukraine und im Baltikum kam es zu Deportationen in kaum vorstellbarem Maß: *»Nachdem Generals Serow im Juni 1944 die Verschleppung der Krimtataren organisiert hatte, wurde er mit einem ähnlichen Auftrag nach Litauen entsandt, wobei Suslow die politische Verantwortung übernahm. Mindestens eine Million Menschen wurden aus den drei baltischen Staaten deportiert – eine große Zahl, wenn auch mit der Aussiedlung ganzer Völker aus dem Kaukasus nicht zu vergleichen. Aber es waren eher praktische, theoretische und propagandistische Schwierigkeiten als Mangel an bösem Willen, die die völlige Verschleppung auch der europäischen Randvölker verhindert haben. Chrustschow erklärte in seiner Geheimrede, die Ukrainer seien diesmal dem Schicksal nur entgangen, weil ihrer zu viele waren und man nicht wußte, wohin man sie hätte deportieren sollen. Sonst hätte Stalin auch sie ausgesiedelt (diese Erklärung wurde ›mit Gelächter und Bewegung im Saal‹ aufgenommen).«*

Nur am Rande sei erwähnt, daß in der zweiten Ausgabe der Großen Sowjet-Enzyklopädie auch das Stichwort Völkermord vorkommt, der dort als *»Auswuchs des verfaulenden Imperialismus«* erscheint.

Schon 1964 hatte ein Erlaß des Präsidiums des Obersten Sowjets der UdSSR den Deportationsbeschluß gegenüber den Deutschen aufgehoben und betont, daß die damals *»wahllos erhobenen Anschuldigungen unbegründet und ein Ausdruck unter den Bedingungen des Kultes der Person Stalins waren.«*

Der gleiche Oberste Sowjet der UdSSR verabschiedete am 14. November 1989 im Gefolge der Perestrojka eine neue Erklärung, in der nicht nur die Balkaren, Inguschen, Kalmücken, Karatschaier, Krimtataren, Deutschen, Turko-Mescheten und Tschetschenen als Opfer von Umsiedlung und Vertreibung genannt werden, sondern auch betont wird, daß sich die »Politik der Zwangsumsiedlung auch auf das Schicksal von Koreanern in der Sowjetunion, Schwarzmeer-Griechen, Kurden und andere Völker auswirkte.«
Im März 1991 setzte dann der Oberste Sowjet der UdSSR mit einem Beschluß die Gesetze der Stalinzeit über alle ausgesiedelten Völker außer Kraft.

Neue Forschungen der Folgezeit brachten neue Deportationen ans Licht der historischen Öffentlichkeit, so daß die Gesamtzahl der von Stalin Vertriebenen, Deportierten und Umgesiedelten, die zunächst mit 2,7 Millionen angeben wurde, bereits 1991 nach vorsichtigen Schätzungen von Nikolaj Nowikow auf 4,4 Millionen berichtigt wurde.
Diese Zahl betrifft nur die »nationalen Kontingente«, nicht die Deportation der »ehemaligen Kulaken« oder den Hunderttausenden von Angehörigen der Wlassow-Armee oder Mitgliedern verschiedener religiöser Gruppen. *»Die Gesamtzahl der Personen dieser ‚Kontingente' lag im Zeitraum zwischen 1930 und 1953 wiederum kaum niedriger als bei 4,5 bis 5 Millionen«* (Nowikow).

Die humane Aussiedlung 1945

All das, was bereits während des Krieges gegenüber Angehörigen verschiedener Nationen an Umsiedlung und Vertreibung geschah, wurde 1945 noch übertroffen, als mehr als 12 Millionen Deutsche aus Ostmittel- und Südosteuropa vertrieben wurden.

»In Europa ist etwas geschehen, was die Geschichte noch nicht kannte. Auf Grund eines Abkommens zwischen den Siegerstaaten wurden Millionen von deutschen Menschen, die seit Jahrhunderten in Europa ansässig waren, von ihrer Heimatscholle vertrieben und mittellos ins Herz Deutschlands gestoßen. Die Leiden dieser Menschen auf ihren harten Wanderungen, ihre Heimatlosigkeit und Hoffnungslosigkeit, erzählen uns eine traurige Geschichte von der Unmenschlichkeit solcher Vertreibung... Das ist nicht der Weg, auf dem man Frieden schafft und die Völker zur Einheit und Zusammenarbeit zusammenführt...«, schrieben dazu die Bischöfe der Vereinigten Staaten in einem gemeinsamen Hirtenbrief im November 1946.

In Zahlen sieht dieses Unfaßbare so aus:

Vertrieben aus den Ostgebieten des Deutschen Reiches:	6 987 000
Freie Stadt Danzig	305 000
Polen	1 405 000
Tschechoslowakei	3 055 000
Baltische Staaten	100 000
Ungarn	210 000
Rumänien	133 000
Jugoslawien	283 000
Insgesamt	12 450 000

Dazu kommen über eine Million Kriegsverluste dieser Bevölkerungsgruppen und 2,11 Millionen Tote, die bei der Vertreibung selbst umkamen.

Der erste päpstliche Visitator nach dem Krieg im zerstörten Deutschland, der spätere Apostolische Nuntius Alois Muench, stellte 1948 dazu fest:
»... In der ganzen Geschichte gibt es nichts, was sich mit diesen grausamen Massenverschiebungen vergleichen

ließe. Mit Recht erklärte ein amerikanischer Korrespondent, der selbst Augenzeuge dieser Menschheitstragödie war, es sei dies die ›unmenschlichste Entscheidung‹, die je von Staatsmännern getroffen worden sei. Ob nicht die spätere Geschichte unserem Zeitalter den Anspruch auf Kultur abspreche?«

Dreißig Jahre später wundert sich der amerikanische Historiker und Völkerrechtler Alfred M. de Zayas – er ist heute Sekretär des UNO-Zentrums für Menschenrechte in Genf – in seinem Buch *»Die Anglo-Amerikaner und die Vertreibung der Deutschen«* in der Einleitung:
»Das menschliche Elend, das diese Umsiedlung vor allem in den Jahren 1945 bis 1948 hervorrief, gehört zu den schlimmsten Kapiteln des zwanzigsten Jahrhunderts, und es ist eigentlich erstaunlich, daß dreißig Jahre nach dem Krieg außerhalb Deutschlands so wenig über dieses unglückselige Nachspiel bekannt ist.«

Der vom Papst nach Deutschland entsandte Muench war Deutschamerikaner und in Milwaukee von einer Mutter geboren, die aus Kemnath in der Oberpfalz stammte, während der Vater aus St. Katharina im Böhmerwald war. Bischof Muench hat sich bis zu seinem Tode als Kurienkardinal 1961 stets mit den Sudetendeutschen verbunden gefühlt.
Ihn hatte Papst Pius XII. 1946 mit dem Titel eines Apostolischen Visitators nach Deutschland geschickt, um die Kirche in diesem zerstörten Land zu visitieren und dem Papst Bericht über die Lage zu erstatten.
Der Papst machte ihm klar, wie sehr er das deutsche Volk liebte, wenn er sagte, *»sein Herz blute für dieses leidende Volk«*. Mit einer Lastwagenkolonne, die Tonnen von vatikanischen Hilfsgütern überbrachte, fuhr Muench nach Frankfurt. Da seine Aufgabe nur einige Monate dauern sollte, behielt er zunächst noch seine Diözese Fargo, deren Gläubige er in mehreren Hirtenbriefen über die Vertriebenennot im zerstörten Deutschland informierte: *»Die Alten und Kranken, die Frauen und Kinder werden in Güterwagen oder Viehwagen oder in anderen unsauberen und ungenügend sicheren Wagen verladen. So verläßt dieser Elendszug das Land, das ihnen bisher Heimat war, und fährt der deutschen Grenze entgegen. Familien sind auseinandergerissen, deren Glieder sich wahrscheinlich nie wiedersehen. Wieviel Weh erleiden dadurch Tausende und Abertausende von deutschen Flüchtlingen!*

Nicht genug damit! Nicht selten sind die Wächter, die den Zug begleiten, herzlos und grausam. Sie rauben den Vertriebenen ihre bessere Kleidung, sie ziehen ihnen die Schuhe aus. Die Kranken erhalten so gut wie keine ärztliche Hilfe, weil nur wenig Ärzte und Pflegepersonal den Zug begleiten, und die Ärzte und Krankenpflegerinnen, die selber ausgewiesen werden, haben keine Medikamente. Das Essen ist schlecht und unzureichend, vielleicht ein bißchen dünne Suppe und ein Stück Brot…
Wenn dann diese armen Menschen in den Auffanglagern in Deutschland ankommen, sehen sie aus wie wandelnde Leichen, zerlumpt, mit Geschwüren bedeckt. Sie erhalten ärztliche Hilfe. Man bringt sie, wenn nötig, in ein Krankenhaus, aber sobald es geht, werden sie weiter transportiert in die verschiedenen Gegenden Deutschlands.
In den zugewiesenen Quartieren müssen sie dann die Räume mit Alteingesessenen teilen. Dabei sind sie meist gezwungen, auf dem Lande zu bleiben, denn die Häuser der großen Städte liegen in Trümmern. Darum ist neben der Kleidungs- und Nahrungsnot das Wohnungselend unbeschreiblich. Man soll sich einmal vorstellen: einunddreißig Millionen Menschen strömten aus den angrenzenden Ländern in die Vereinigten Staaten! Diese Summe würde ungefähr den zwölf Millionen deutschen Flüchtlingen entsprechen, nach den Verhältnissen in Deutschland umgerechnet. So betrachtet, sieht man, wie ungeheuer das Problem ist, aber auch, wie grausam die Austreibung dieser Leute ist.«

Aufgrund seiner genauen Kenntnis des Elendes durch seine Reisen und Visitationen kam Muench zu der bereits zitierten Feststellung, daß es in der ganzen Geschichte nichts gibt, *»was sich mit diesen grausamen Menschenverschiebungen vergleichen ließe«*.

Papst Pius XII. zur Vertreibung

Es war vor allem Papst Pius XII., der damals die Vertreibungen in Ostmitteleuropa entschieden verurteilte und sich gegen das dabei angewandte Prinzip der Kollektivschuld aller Deutschen wandte.
So erklärte der Papst in seiner Weihnachtsansprache 1945:
»Wer Sühne für Schuld verlangt durch gerechte Bestrafung der Verbrecher nach dem Maße ihrer Verbrechen, muß peinlich darauf achten, daß er nicht das gleiche tue, was er den anderen als Schuld oder Verbrechen vorhält. Wer Wiedergutmachung will, muß sie fordern auf Grund der Sittenordnung, der Achtung vor den unverletzlichen Naturrechten, die auch jenen noch bleiben, die sich dem Sieger bedingungslos ergeben haben.«
Immer wieder betonte der Papst seine Sorge um die Vertriebenen, am deutlichsten wohl in einem Brief an die deutschen Bischöfe vom 1. März 1948:
»Besondere Berücksichtigung werden immer die Ostflüchtlinge verdienen, die aus ihrer Heimat im Osten zwangsweise und unter entschädigungsloser Enteignung ausgewiesen und in die deutschen Zonengebiete überführt wurden. Wenn wir auf sie zu sprechen kommen, so beschäftigt uns hier nicht so sehr der rechtliche, wirtschaftliche und politische Gesichtspunkt jenes in der Vergangenheit Europas beispiellosen Vorgehens.
Über die genannten Gesichtspunkte wird die Geschichte urteilen. Wir fürchten freilich, daß ihr Urteil streng ausfallen wird. Wir glauben zu wissen, was sich während der Kriegsjahre in den weiten Räumen von der Weichsel bis zur Wolga abgespielt hat. War es jedoch erlaubt, im Gegenschlag 12 Millionen Menschen von Haus und Hof zu vertreiben und der Verelendung preiszugeben? Sind die Opfer jenes Gegenschlages nicht in der ganz überwiegenden Mehrzahl Menschen, die an den angedeuteten Ereignissen und Untaten unbeteiligt, die ohne Einfluß auf sie gewesen waren? ...Ist es wirklichkeitsfremd, wenn wir wünschen und hoffen, es möchten alle Beteiligten zu ruhiger Einsicht kommen und das Geschehene rückgängig machen, soweit es sich noch rückgängig machen läßt?«
Auf diese konsequente Einstellung des Papstes hatte schon in einem Hirtenbrief vom 11. März 1946 der damalige

Erzbischof von Köln, Joseph Frings, aufmerksam gemacht: *»Der Heilige Vater gab öffentliche Erklärungen ab, die gerade für uns Deutsche von größter Bedeutung sind. Er erklärte, es sei unrecht, jemand als schuldig zu betrachten, dem nicht eine persönliche Schuld nachgewiesen sei, nur deshalb, weil er einer bestimmten Gemeinschaft angehört habe. Es heiße, in die Vorrechte Gottes einzugreifen, wenn man einem ganzen Volke Kollektivschuld zuschreibe und es demgemäß behandeln wolle. Jeder Mensch habe sein Recht auf seine angestammte Heimat, und es sei ein Unrecht, ihn von dort zu vertreiben, wenn er nicht durch persönliche Schuld sich dessen unwürdig gemacht habe.«*
Es heißt weiter im Schreiben des Kölner Erzbischofs: *»Der Heilige Vater weiß auch von den furchtbaren Dingen, die sich im Osten Deutschlands vollziehen, und er verurteilt sie aufs schärfste.«*

Auch der erste deutsche Vertriebenenbischof, Maximilian Kaller, würdigte den Papst:
»Niemand hat bisher in der Welt so nachdrücklich auch unser Recht vertreten wie unser Heiliger Vater. Seit dem Ende des Krieges ist er unablässig bemüht, dem Elend der niedergeworfenen Völker und der unglücklichen Opfer, der Heimatlosen, Vertriebenen, Verschleppten und Gefangenen abzuhelfen. Vor kurzem hat er nun mich zu seinem Beauftragten für die Betreuung aller aus dem deutschen Osten und Südosten vertriebenen Katholiken bestellt.«

Leider starb Bischof Kaller bereits im Jahre 1947, erhielt aber einen Nachfolger als Vertriebenenbischof bei der Deutschen Bischofskonferenz.

Wie die Aussagen der Päpste in den Sozialenzykliken, verdienten auch die Aussagen der Päpste zu Vertriebenenfragen gerade in der heutigen Zeit neuer Vertreibungen mehr Aufmerksamkeit, als ihnen bisher geschenkt wurde.
Die Aussagen Pius XII. hat Oskar Golombek in der Schrift *»Pius XII. zum Problem der Vertreibung«* zusammengestellt.

So spricht der Papst in seinem Brief vom 18. Januar 1947 an die deutschen Bischöfe vom Ernst, der Dringlichkeit und den weitreichenden Ausstrahlungen der Flüchtlingsnot, die *»alles in den Schatten stellt, was die Vergangenheit selbst in ihren bewegtesten Zeiten kannte. Das Deutschland von heute ist nicht mehr das Deutschland von einst. Auf einem bedeutend verengten Boden mit der Bevölkerung seines alten Gebietes zusammengepreßt, mit einem Lebensstan-*

dard, der weit unter dem Erträglichen liegt, mit einer bis in ihre Grundfesten erschütterten Wirtschaft, mit einer durch die Völkerwanderung der aus der Heimat vertriebenen Ostflüchtlinge vollständig geänderten sozialen, politischen und seelischen Struktur, mit einem Volksgesundheitsstand, der tief unter dem liegt, was früher verantwortbar schien – um nur einige charakteristische Züge des Gegenwartsbildes zu nennen – ist in diesem Deutschland der Nachkriegszeit eine Lage entstanden, die der kirchlichen Seelsorge und Caritas gewaltige, nur in mühseliger und weitschauender Geduld zu meisternde Aufgaben stellt.«

Der Papst traut aber den Deutschen die Meisterung zu, denn er schreibt an die Bischöfe: *»Euch, geliebte Söhne und ehrwürdige Brüder, fehlt weder diese zu allen Opfern bereite Geduld, noch der auf lange Sicht ausgerichtete Unternehmungsgeist. Zeugnis dafür ist, was die Ordinarien der nord-, mittel-, west- und süddeutschen Diözesen Uns über die Auswirkungen dieses Flüchtlingsproblems auf ihre Bistümer zu berichten wußten.«*

Ein Jahr später geht Pius XII. in dem bereits zitierten Brief an den deutschen Episkopat auch auf die religiöse Not in der nunmehrigen Diaspora ein: *»Wenn wir seinerzeit einen von Euch, Bischof Maximilian Kaller, mit den Sonderbelangen der Flüchtlingsseelsorge betrauten, so galt seine Sendung an erster Stelle der Behebung des Priestermangels in jenen Diasporagebieten. Er ist an seine Arbeit herangetreten mit der Tatkraft und Opferfreudigkeit, die ihm eigen waren, wurde aber zu Unserem großen Schmerz unerwartet schnell in die Ewigkeit abberufen und hat die Ausführung jener Sendung unfertig, ja in den Anfängen zurücklassen müssen. Inzwischen sind die völlig neuen kirchlichen Verhältnisse, die durch die Bevölkerungsumschichtungen im eurem Land geschaffen wurden, erst richtig in Erscheinung getreten. Sie werden noch umfassendere Maßnahmen notwendig machen. Dabei zweifeln wir nicht, daß der deutsche Klerus, auf den ganzen Ernst der Lage einmal aufmerksam geworden, sich dem apostolischen Werk, das hier seiner harrt, sofortige Inangriffnahme dringend heischt, gerne und über das streng Pflichtmäßige hinaus auf freiwillig zur Verfügung stellen wird.«*

Der Papst erinnert in diesem Brief auch daran, daß er als Nuntius 1926 auf dem Katholikentag in Breslau war und dabei Schlesien kennenlernte: *»Nur mit Wehmut können Wir heute jener Tage gedenken angesichts des furchtbaren*

Verhängnisses, das inzwischen über die ostdeutsche Bevölkerung hereingebrochen ist.«

Immer wieder erklärt Pius XII. seine Solidarität mit den Flüchtlingen und Heimatvertriebenen:
»Die katholischen Ostvertriebenen sollen wissen, daß die Bande, die sie heute mit dem Oberhaupt der Kirche zusammenschließen, noch enger sind als jene, die sie damals mit dessen Vertreter verbanden. Wir erwarten Unsererseits von ihnen, daß sie sich von der zermalmenden Wucht ihrer Not nicht irremachen lassen an dem Glauben, den ihre Väter und Mütter, ihre Seelsorger und Bischöfe in ihre Kinderherzen gesenkt haben. Mag der Taufstein ihrer Pfarrkirche zerstört oder ihrem Blick nicht mehr zugänglich sein: das Taufgelübde von einst folgt ihnen in die Verbannung und heischt Erfüllung. Deshalb hat es Uns auch mit Freude erfüllt zu hören, daß von denen unter ihnen, die in härteste Diaspora, in glaubensfremde und glaubensarme Umgebung verschlagen wurden, nicht wenige nach ihrer Art und heutigen Verhältnissen entsprechend das Wort des frommen Tobias an seinen Volks- und Glaubensgenossen wahr machen: Deshalb hat Gott euch unter die Heiden zerstreut, damit ihr seine Wunderwerke verkündet und sie zur Erkenntnis führt, daß es keinen anderen allmächtigen Gott außer ihm gibt (Tob 13,9). Wenn sie heute unter Tränen säen, möge aus ihrer Saat hundertfältige Frucht für das Reich Gottes auf deutschem Boden aufsprießen.
Die Unterbringung von zwölf Millionen Menschen auf einem von Krieg und Niederlagen schwer getroffenen und durch die Abtretung weiter Gebiete verengten Boden hat Leiden, Notstände und Schwierigkeiten geschaffen, die zu meistern bis jetzt die Möglichkeiten fehlen. Dann mögen die katholischen Ostvertriebenen aber begreifen, daß auch der Aufbau des kirchlichen Lebens und der Seelsorge unter ihnen Zeit und Geduld braucht. Um so mehr erhoffen Wir, daß die anderen, denen die Bitternis der Heimatlosigkeit erspart geblieben ist, den Zugewanderten hilfsbereit entgegenkommen, auch wenn von ihrem Eigennutz harte Opfer verlangt werden. Verstehende brüderliche Gesinnung auf der einen, Anspruchslosigkeit und Erkenntlichkeit auf der anderen Seite, beide im Geiste und aus der Kraft Jesu Christi, des gottmenschlichen Vorbildes, wird jene Notstände zwar nicht beseitigen, aber wenigstens erträglicher gestalten.«

Auch vor ausländischen Besuchern hat Pius XII. immer wieder die Vertreibung verurteilt, so 1949 vor verschiedenen

Delegationen des beiden Häuser des nordamerikanischen Parlamentes, 1952 gegenüber Mitgliedern der Pax-Christi-Bewegung oder noch 1955 vor Teilnehmern des X. Internationalen Historiker-Kongresses in Rom. Den nicht von der Vertreibung betroffenen deutschen Katholiken legte er die Sorge um die Vertrieben auch später ans Herz. Dies tat er in seiner Botschaft zum Katholikentag 1950 in Passau ebenso wie 1952 zum 75. Deutschen Katholikentag in Berlin.

»Exsul familia«

Im gleichen Jahre erschien auch die Apostolische Konstitution *»Exsul familia«,* die heute fast vergessen ist, aber eine Magna Charta der Flüchtlings- und Vertriebenenseelsorge darstellt.

In dieser Apostolischen Konstitution behandelt Papst Pius XII. neben Auswanderern und Wirtschaftsemigranten auch ausdrücklich die Lage von Flüchtlingen, die wegen Bedrohung an Leib und Leben ihre Heimat verlassen müssen *(profugi);* er spricht über Vertriebene und Ausgewiesene *(expulsi),* gewaltsam Verschleppte *(deportati)* und zwangsweise Umgesiedelte.
Nach ihren eigenen Worten ist die Konstitution entstanden durch die leidvollen Tragödien, mit denen die massenhafte Flucht und Heimatlosigkeit in der neuesten Zeit belastet sind.
Die wesentlichen Tatsachen werden im geschichtlichen Teil dieses Schreibens aufgezeigt. Der Papst erinnert darin an die Tätigkeit der Kirche im Dienste der Vertriebenen und nennt die heilige Familie wegen ihrer Flucht nach Ägypten *»Gleichnis, Vorbild und Schutz für jede Art von Emigranten, in der Ferne Lebenden und Flüchtlingen«.*
Er weiß, daß Krieg, Revolution, Hunger und Verfolgung wegen Religion, Rasse oder politischer Überzeugung das Heer der Vertriebenen Flüchtlinge, Emigranten, Evakuierten und Entwurzelten verursacht haben.

Papst Pius XII. hat aber auch praktisch gehandelt, indem die Päpstlichen Hilfswerke versuchten, die Not als Folge des Krieges und der Vertreibung zu lindern. Auf seine Initiative hin erfolgte die Einrichtung der Vatikanischen Forschungsstelle für Kriegsgefangene und wurden konkrete Hilfsaktionen für die hungernden Vertriebenen ins Leben gerufen.

Die deutschen Bischöfe zur Vertreibung

Auch die deutschen Bischöfe erhoben nach dem Zweiten Weltkrieg ihre Stimme zur Vertreibung:
»Wir katholischen Bischöfe können nicht länger schweigen zu dem furchtbaren Lose der mehr als 10 Millionen Ostdeutschen, deren Vorfahren größtenteils vor sieben- bis achthundert Jahren im ostdeutschen Raum gesiedelt und den Boden urbar gemacht haben. Es handelt sich um die Deutschen in Schlesien, in Ost- und Westpreußen, in Pommern, im Sudetenland, aber auch in Ungarn, Rumänien, Südslawien usw.«, schrieben am 30. Januar 1946 die nord- und westdeutschen Bischöfe in einem gemeinsamen Hirtenwort. Die Zahl von 10 Millionen sollte sich im Laufe des Jahres 1946 noch gewaltig erhöhen.
»Die Austreibung ist mit furchtbarer Brutalität und Nichtbeachtung aller Menschlichkeit erfolgt«, heißt es in dem Hirtenwort weiter. *»Die Weltöffentlichkeit schweigt zu dieser furchtbaren Tragödie.«*

Bereits am 1. November 1945 hatte Papst Pius XII. in einem Schreiben an die Bischöfe Deutschlands von den *»überaus traurigen Vorkommnissen«* gesprochen, *»die sich in Ostdeutschland in den letzten Monaten ereignet haben.«*

Vor dem gemeinsamen Brief der nord- und westdeutschen Bischöfe hatten sich schon eine Reihe von deutschen Bischöfen in eigenen Hirtenbriefen an ihre Gläubigen gewandt und immer wieder die Vertreibung verurteilt. So schrieb der Bischof von Regensburg, Michael Buchberger, am 14. Oktober 1945:

»Zum bisherigen Elend, das in den Städten und Notgebieten wahrlich drückend genug ist, kommt ein neues, so grauenhaft, wie es die Welt noch kaum je gesehen hat. Es ist das schreckliche Elend der aus ihrer Heimat vertriebenen Deutschen im Osten unseres Vaterlandes. Tausende und Abertausende fluten über unsere bayerische Ostgrenze, völlig mittellos und brotlos, nur notdürftig bekleidet, ziellos und planlos wandernd. Die Vertreibung dieser armen Menschen aus ihrer Heimat und namentlich die rücksichtslose und herzlose Form, in der sie vertrieben werden, ist, nicht weniger als so manche Unmenschlichkeit des Weltkrieges, eine Menschenschande.«

In Münster erhob Clemens August von Galen seine Stimme. Er, der im Kriege als »Löwe von Münster« die Verbrechen der Nazis angeprangert hatte, wandte sich am 8. Dezember 1945 angesichts der Flüchtlinge und Vertriebenen an seine Gläubigen:

»›Kein Platz in der Herberge!‹ Dieses Wort preßt mit Zentnerlast mein Herz, wenn ich an jene denke, die gezwungen wurden, jetzt, nach dem Ende der blutigen Kampfhandlungen, ihre Heimat im Osten unseres Vaterlandes zu verlassen. Hunderttausende, ja Millionen deutscher Volksgenossen aus Pommern, aus Ost- und Westpreußen, aus dem Wartheland, aus Schlesien und Böhmen wurden aus dem Lande vertrieben, das seit Jahrhunderten ihren Vorfahren Besitz und Heimat gewesen ist. Wir wollen noch hoffen, daß die Rückkehr der Menschheit zu Gerechtigkeit und Nächstenliebe, den einzigen tragfesten Fundamenten eines geordneten Gemeinschaftslebens und eines dauerhaften Friedens, auch diese Frage einer gerechten Lösung zuführt, indem man jenen armen Menschen Schadenersatz und Rückkehr in die Heimat gewährt.
Nehmt, wenn jeder Flüchtlingszug mit Hunderten von Volksgenossen aus dem Osten unser Gebiet erreicht, jene obdachlosen Menschen willig auf! Nicht nur dem Befehl der Obrigkeit gehorchend und heimlich darauf bedacht, sich diesem zu entziehen, sondern in christlicher Liebe ihnen Herberge bietend, soweit das möglich ist.
Jenen aber, die die Grenzen des Bistums als heimatlose Flüchtlinge wieder überschreiten, rufe ich ein herzliches Willkommen zu. Es mag wenig sein, was wir Euch bieten können, aber es soll in christlicher Liebe dargeboten und in christlicher Bescheidenheit angenommen werden.«

Zum Jahresende 1945 schrieb am Silvestertag Erzbischof Gröber von Freiburg:

»Und so bitten wir denn, nicht das ganze deutsche Volk zu entehren und auch weiter noch büßen zu lassen für das, was ein Teil des Deutschen Volkes, irregeleitet durch verbrecherische Anlagen oder aus verbrecherischen Grundsätzen, an Scheußlichkeiten verübte. Oder will man immer noch daran festhalten und damit auch die Vertreibung der Deutschen ohne Unterschied des Geschlechts oder des Standes oder des Alters aus dem Osten rechtfertigen, was ziemlich an das heranreicht, was das frühere System durch seine Zwangsumsiedlungen gesündigt hat? Mir sind dieser Tage unbedingt zuverlässige Berichte aus Schlesien zuge-

gangen. Berichte, viele Seiten lang, die mich erschauern ließen, ob der Grausamkeit und Härte, die sich in den letzten Wochen und Monaten im Nordosten offenbarten. Im vergangenen System waren es gottlose Verbrecher, die mit den Menschen umgingen wie die Schlächter mit den gekauften oder erbeuteten Tieren, hier sind es oft Christen, ja Katholiken, ja selbst Priester, die nicht nur das Grundgesetz unseres Glaubens, sondern auch das Grundgesetz jeglicher Menschlichkeit verletzen und verleugnen.«

Nach dem gemeinsamen Schreiben der nord- und westdeutschen Bischöfe meldete sich am Lichtmeßtag des Jahres 1946 der Bischof von Rottenburg zu Wort:

»Doch wohl alle Not wird überschattet durch das Furchtbare, was im deutschen Osten geschieht. Tausende von deutschen Brüdern und Schwestern werden dort aufs schlimmste mißhandelt, des Eigentum beraubt und aus der Heimat vertrieben. Die einzelnen Berichte sind erschütternd. Nicht nur werden die Volksdeutschen aus Polen, der Tschechei, Rumänien, Ungarn ausgewiesen, sondern auch die Reichsdeutschen aus Schlesien, Ostpreußen, Westpreußen, Pommern und Österreich. Sie haben alles zu verlassen und werden nach Westdeutschland abgeschoben. Es ist ein grauenhaftes Unrecht, das hier geschieht.«

Michael Faulhaber, Kardinal in München,
schrieb im Februar 1946:

»Ich habe an euch, geliebte Diözesanen, in den letzten Wochen zwei Aufrufe gerichtet, in der vielgestaltigen Not der Gegenwart die Werke der Barmherzigkeit zu üben, beim Frauenhilfswerk für die Kriegsversehrten mitzutun und bei der Fürsorge für die Millionen von Flüchtlingen mitzuwirken, die heute von Osten her bei uns Aufnahme und Arbeit suchen. Die Not dieser Flüchtlinge schreit zum Himmel. Sie haben Hab und Gut, Heimat und manche von ihnen auch ihre Angehörigen verloren. Wir könnten alle in der gleichen Lage sein. Der Heiland sagt euch: ›Ich war fremd und ihr habt mir Herberge gegeben‹, wenn ihr diesen seinen Brüdern Herberge und Arbeit gebt.«

Am 9. April 1946 erschien dann auch ein *»Gemeinsames Wort der bayerischen Bischöfe«*, welches ebenfalls das *»wahrhaft grauenvolle und unmenschliche Elend der Flüchtlinge«* behandelte und dieses Leid *»das Furchtbarste«* nannte, *»was die Nachkriegszeit mit sich gebracht hat«*.

Es heißt darin:

»Ein Riesenstrom von ärmsten Menschen ergießt sich aus dem Osten über unser Vaterland. Sie alle sind verstoßen aus Heim und Heimat, mußten verlassen den teuren Boden, den schon ihre Vorfahren durch Generationen und Jahrhunderte hindurch bebaut haben und mit dem sie mit allen Fesseln ihrer Seele verwachsen sind. Sie müssen die Heimat verlassen als Bettler, kaum notdürftig gekleidet; Tausende wurden bereits ein Opfer der unmenschlichen Formen und Methoden, in denen die Vertreibung vor sich geht. Kinder und Greise werden in den sicheren Tod getrieben, weil sie die furchtbaren Entbehrungen dieser neuesten und schrecklichsten Völkerwanderung nicht aushalten können. Das um ein Fünftel seines Umfanges verkleinerte Deutschland kann die vielen Millionen der Wanderer nicht unterbringen, noch weniger auf die Dauer ernähren und beschäftigen. Sollen sie wirklich zum Tode durch Hunger und Elend verurteilt sein? Wer kann ein solches Todesurteil verantworten? Man sagt: das ist Strafe für die Greuel, die die Deutschen in anderen Ländern verübt haben. Niemand kann diese Greuel schärfer verurteilen und tiefer bedauern, als wir es tun. Aber was haben Säuglinge und kleine Kinder, Greise und Mütter und ein Riesenheer unschuldiger Menschen mit den Untaten der Mordgesellen Hitlers und Himmlers zu tun? Und wenn sie keine Schuld haben, so ist doch eine so entsetzlich harte und grausame Bestrafung nicht erlaubt. Diese Wahrheit und Mahnung sprach auch der Heilige Vater aus mit den Worten: »Wer Sühne für Schuld verlangt durch gerechte Bestrafung der Verbrecher nach dem Maße der Verbrechen, muß peinlich darauf achten, daß er nicht das Gleiche tue, was er den anderen als Schuld oder Verbrechen vorhält. Wer Wiedergutmachung will, muß sie fordern auf Grund der Sittenordnung, der Achtung vor den unerläßlichen Naturrechten, die auch jenen noch verbleiben, die sich dem Sieger bedingungslos ergeben haben. Wer Sicherheit für die Zukunft verlangt, darf nicht vergessen: Die einzige zuverlässige Sicherung liegt in der eigenen inneren Kraft, d. h. in der Sorge für die Arbeit, in der Bruderliebe, dem Verzicht auf jeglichen Haß, auf jegliche Verfolgung oder ungerechte Bedrückung ehrsamer Bürger, in der aufrichtigen Verständigung von Staat zu Staat, von Volk zu Volk.«

Fünfzig Jahre später haben während des Vertreibungsgeschehens in Kroatien und Bosnien kroatische und bosnische Bischöfe ähnliche Briefe geschrieben und Appelle an Europa und die Welt gerichtet, aber die zivilisierte Weltöffentlichkeit schwieg seit 1991 erneut.

»Wir wissen, daß furchtbare Verbrechen an den Angehörigen anderer Nationen begangen wurden. Aber seit wann ist es erlaubt, an Unschuldigen sich zu rächen und Verbrechen durch Verbrechen zu sühnen? Man soll die wirklich Schuldigen zu unerbittlicher Rechenschaft ziehen. Aber wer will das Massensterben von Kindern, Müttern, alten Leuten verantworten? Wir will die Verzweiflung so vieler Tausender auf sich nehmen, die in ihrem entsetzlichen Elend ihrem Leben selbst ein Ende machen? Wir bitten und flehen, die Weltöffentlichkeit möge ihr Schweigen brechen, daß Macht vor Recht gehe und daß aufs Neue eine Saat des Hasses ausgestreut werde, die nur neues Unrecht in sich bergen kann.«

Stammen diese Zeilen von 1946 oder von 1995? Die Hirtenbriefe von Kardinal Vinko Puljić von Sarajevo und Bischof Franjo Komarica von Banja Luka während des Krieges in Bosnien sind ebensolche Zeugnisse der Friedensarbeit der Katholischen Kirche wie jene der deutschen Bischöfe vor einem halben Jahrhundert.

Vertriebenenseelsorge

»Aufbruch aus dem Glauben« nennt eine Dokumentation über die katholischen Heimatvertriebenen den Neuanfang im Deutschland der Nachkriegszeit, der bereits Ende 1945 eingeleitet wurde. *»Not ist Anruf Gottes«* besagt ein anderer Titel, der als Festschrift für Pater Paulus Sladek OSA entstand, den wohl bedeutendsten Theologen des Vertreibungsschicksals.

Der 1908 im überwiegend tschechischen Ort Trebnitz bei Lobositz geborene Fritz Sladek war 1926 bei den Augustinern eingetreten und hatte dort den Ordensnamen Paulus erhalten. 1931 wurde er zum Priester geweiht, 1933 wurde er an der Deutschen Universität zu Prag zum Doktor der Theologie promoviert. Als Assistent und Lehrbeauftragter für Dogmatik, als Akademischer Prediger in der Salvatorkirche und Geistlicher Beirat des Bundes Staffelstein machte sich Pater Paulus früh einen Namen. Da er schon bald mit der Gestapo Schwierigkeiten bekam, meldete er sich zur Wehrmacht und erlebte in einer Sanitätskompanie den Zweiten Weltkrieg in der Ukraine, Rumänien und Polen.

Mitte 1945 gelangte er nach kurzer Gefangenschaft nach Bayern und fand Arbeit als Geistlicher Leiter bei der Kirchlichen Hilfsstelle in München, die sich damals der Vertriebenen annahm. Obwohl P. Paulus als Augustiner auch nach dem Krieg stets die Gemeinschaft mit seinen Ordensmitbrüdern lebte und in Stuttgart-Sillenbuch und in Zwiesel Klöster seines Ordens aufbaute, ist doch seine größte Leistung die als Priester, Theologe und Organisator der Flüchtlings- und Vertriebenenseelsorge.

Es galt seit Kriegsende, die vertriebenen Priester zu erfassen, sie materiell zu betreuen, sie in der Seelsorge für die Vertriebenen effektiv einzusetzen und vor allem im kirchlichen Bereich bei den Einheimischen Verständnis und Unterstützung für die Vertriebenen zu gewinnen. Daß dies geschah, zeigen einige der oben zitierten Hirtenbriefe deutscher Bischöfe zu dieser Problematik.

P. Paulus regte die Bestellung von Flüchtlingsseelsorgern an und die Abhaltung von Tagungen, Schulungen und Weiterbildungsseminaren für die Vertriebenenseelsorge, er

organisierte die ersten Vertriebenenwallfahrten und predigte dabei selbst. Seine Artikel, Memoranden und Predigtskizzen haben nicht nur Anregungen gebracht, sondern viel bewegt und sind bis heute Grundlage einer noch nicht geschriebenen Theologie der Vertriebenenseelsorge.
Von ihm stammt das *»Sühne- und Gelöbnisgebet«,* das seit 1946 bei vielen Gottesdiensten und Wallfahrten der Vertriebenen gesprochen wurde und das bereits vorwegnimmt, was später die Eichstätter Erklärung 1949 und die Charta der Vertriebenen 1950 ausdrückten: *»Gedanken der Rache und der Vergeltung sollen nicht Macht gewinnen über unsere Herzen.«*

Hand in Hand damit ging sein Bemühen, eine neue Nachbarschaft mit den Völkern des Ostens aufzubauen.

»Tröstet, tröstet mein Volk!« Diese Worte des alttestamentlichen Propheten nach der Vertreibung des Volkes Israel standen über dem Wirken jener Heimatpriester, die zu Tausenden mit ihren Gläubigen das Schicksal der Vertreibung trugen.

Außer P. Paulus Sladek sei der sudetendeutsche Volksmissionar und Redemptorist P. Augustin Reimann genannt, der 1899 in Deutsch-Wernersdorf im Kreis Braunau geboren war, im Krieg die Nazi-Gefängnisse in Eger und Karlsbad erlebte und nach 25 Jahren fruchtbaren Wirkens in Volksmission und Vertriebenenseelsorge 1970 in Würzburg starb. Immer noch bewegend ist sein Büchlein *»Auf den Straßen der Vertriebenen.«* Er verstand es zu trösten und Not zu lindern, indem er seinen Landsleuten von Gerechtigkeit und Liebe in der Vertriebenennot predigte. *»Es ist unser Trost, daß alles Menschengeschehen einmal einmündet in die ewige Gerechtigkeit Gottes, die nichts anderes ist als seine Liebe«,* schrieb er 1946.

Dieser Gerechtigkeit Gottes wollte er auch das Urteil über Recht und Gerechtigkeit der *»humanen Evakuierung«* aus der alten Heimat überlassen: *»Es hat schon manchmal humane Einrichtungen gegeben, die Hinrichtungen blieben. So bleibt die humanste Ausweisung eine Ausweisung, und die ist immer etwas furchtbar Hartes.«*

Pater Reimann hatte klare Aussagen über die *»selbstverständliche Pflicht der austeilenden Gerechtigkeit«* und setzte sich daher für einen gerechten Lastenausgleich ein. Er sprach immer wieder von der *»Sünde der Ungerechtig-*

keit«, wenn sich Einheimische weigerten, den Vertriebenen zu helfen und *»sich durch alle möglichen Tricks ihrer Pflicht entziehen«* wollten. *»Spätere Zeiten werden einmal die deutsche Volksgemeinschaft unserer Tage danach beurteilen, wie sie diese Probe der Liebe bestanden hat.«*

Als katholisches »Vaterhaus der Vertriebenen« entstanden seit 1946 in leerstehenden Kasernen in Königstein im Taunus die Königsteiner Anstalten mit einem Priesterseminar und einem Gymnasium für die vertriebenen Theologen aus dem Osten. Daraus ging das Albertus-Magnus-Kolleg hervor, dessen Leiter der letzte Rektor des deutschen Priesterseminars in Prag, Prälat Prof. Dr. Adolf Kindermann war, der 1974 als Weihbischof starb.

Er sprach später immer wieder von vier Etappen der Bewältigung der Vertreibung:

1. Die Zeit der Losung des Propheten Isaias »Tröstet mein Volk« zur Überwindung der materiellen Not.
2. Die Zeit der geistig-geistlichen Aufarbeitung der Tragödie der Vertreibung, der theologischen Bewältigung des den Vertriebenen auferlegten Schicksals.
3. Die Zeit der Überwindung und des kommenden Zusammenbruchs der kommunistischen Ideologie und
4. die Zeit der Versöhnung mit den Völkern Osteuropas.

Die Konferenz von Potsdam

Die systematischen Massenvertreibungen von Deutschen in Ostmitteleuropa begannen bereits 1945 als sogenannte *»wilde Vertreibungen«,* bei denen Tschechen und Polen ihre Deutschen in den Grenzgebieten ihrer Länder oder in den besetzten Ostgebieten meist ohne Habe über die Grenze ins benachbarte Deutschland verjagten.

Bereits im Jahre 1944 hatte die Flucht von Deutschen aus dem Memelland und aus Ostpreußen begonnen, seit Dezember 1944 wurden auch Zehntausende von Volksdeutschen aus Rumänien, Ungarn und Jugoslawien in die Sowjetunion verschleppt.
Es folgten dann von Februar bis April 1945 Massenverschleppungen aus den von der Roten Armee besetzten deutschen Gebieten ins Innere der Sowjetunion. Die wilde Vertreibung im Mai und Juni 1945 aus den nun polnisch verwalteten Gebieten wurde von den Behörden angeordnet und sollte vollendete Tatsachen für die Potsdamer Konferenz schaffen.
Ebenso handelten die örtlichen tschechischen Militärkommandanten im Sudetenland.

Schon im Krieg waren klare Vertreibungspläne von der Tschechoslowakischen Exilregierung in London vorgeschlagen und gefordert worden, ja bereits im Dezember 1938 hatten Präsident Benesch und (sein späterer Minister) Hubert Rypka von einer Ausweisung der Sudetendeutschen nach einem von ihnen erwarteten und erfolgreich verlaufenden Krieg gesprochen.
Der polnische Exilministerpräsident W. Sikorski verlangte am 19. November 1939 bei einer Pressekonferenz in London eine längere Meeresküste für Polen nach dem Krieg.
Obwohl Roosevelt und Churchill in der Atlantik-Charta vom 14. August 1942 Gebietsveränderungen ablehnten, die *»nicht mit den frei geäußerten Wünschen der betroffenen Völker übereinstimmen«,* teilte die britische Regierung schon im September 1942 der tschechoslowakischen Exilregierung in London mit, daß sie im Prinzip nichts gegen eine Ausweisung der Sudetendeutschen einzuwenden habe.
Am 23. November 1944 sprach der tschechoslowakische Minister Hubert Rypka in einem Schreiben an den Vertreter

der USA bei der Londoner Exilregierung bereits von der *»Entfernung von etwa zwei Dritteln der deutschen Bevölkerung der Republik«* und zwar *»durch freiwillige Emigration und organisierten Transfer«.*

Auf der Konferenz von Potsdam hieß es dann im Artikel XIII: *»Die Konferenz erzielte folgende Übereinkunft über die Ausweisung Deutscher aus Polen, der Tschechoslowakei und Ungarn: Die drei Regierungen haben die Frage unter allen Gesichtspunkten beraten und erkennen an, daß die Überführung der deutschen Bevölkerung oder Teile derselben, die in Polen, Tschechoslowakei und Ungarn zurückgeblieben sind, nach Deutschland durchgeführt werden muß. Sie stimmen darin überein, daß jede derartige Überführung, die stattfinden wird, in ordnungsgemäßer und humaner Weise erfolgen soll.«*

50 Jahre nach Kriegsende und Vertreibung betonen aber polnische und tschechische Politiker, daß 1945 die polnische und tschechoslowakische Regierung nur ausgeführt hätten, was die großen Drei in Potsdam beschlossen.
Deshalb ist es bedeutsam, zu erinnern, daß gerade die Tschechen nach Kriegsende darauf hingewiesen haben, daß diese Aussiedlung bereits im Kriege geplant und vorbereitet war.

So argumentierten auch tschechische Katholiken und Christdemokraten, welche die Rechtmäßigkeit dieser Aussiedlung damit begründeten, daß in London ein katholischer Priester und Professor für Moraltheologie und Christliche Soziallehre, Msgr. Jan Šramek, Ministerpräsident der tschechoslowakischen Exilregierung gewesen sei.

In einem Artikel *»Der Abschub der Deutschen und die christliche Moral«* beklagt Karel Horalik in der *»Lidova demokrace«* vom 4. Juli 1946, *»daß in internationalen katholischen Kreisen kein genügendes Verständnis über den Abschub der Deutschen aus den Gebieten unseres Staates herrscht.«*

Nachdem der Autor den Sudetendeutschen Mitschuld am Zweiten Weltkrieg und zu 98% Mittäterschaft an den Verbrechen der Nationalsozialisten unterstellt, erklärt er: *»Der Abschub der Deutschen aus dem Gebiete unseres Staates war bei der Regierung im Ausland vorbereitet, an deren Spitze Msgr. Dr. Jan Šramek stand. Er hätte sicher dieser Regelung nicht zustimmen können, wenn sie widerrecht-*

lich gewesen wäre und den Normen der christlichen Sittlichkeit widersprochen hätte... Daher erklären die tschechoslowakischen Katholiken jede andere Anschauung betreffs des Abschubes der Deutschen, soweit es um die kollektiv gerechte Strafe für ein kollektives Vorgehen geht, als feindlich, da eine andere Anschauung keine gerechte Beurteilung wünscht. Der Abschub der Deutschen, seine Begründung und seine Durchführung tragen den strengsten Stempel internationalen Rechtes, welches in nichts die Normen der christlichen Sittenlehre verletzt.«
Msgr. Šramek war Moraltheologe und Vertreter der christlichen Soziallehre!

Leider gab es auch in der tschechischen katholischen Kirche nach 1945 einen radikalen antideutschen Flügel, der stolz war, daß es seit 1941 auch zwei Priester in der Londoner Exilregierung gab, *»die sich nach 1945 keine Gelegenheit entgehen ließen, ihre Verdienste um die Annäherung der Kirche an den Staat sowie die Durchsetzung der Vertreibungspläne hervorzuheben«* (Emilia Hrabovec). Ein Msgr. Stasik konnte sich nach einem Zitat der »Lidova demokrace« vom 24. Juni 1945 zu der Behauptung versteigen: *»Alle Deutschen sind schlecht, und das Gebot der Nächstenliebe gilt für sie nicht.«* Wie Emilia Hrabovec in ihrer Studie *»Vertreibung und Abschub. Deutsche in Mähren 1945–1947«* (Frankfurt-Berlin-Bern 1995) feststellen muß, ist den tschechischen katholischen Wochenblättern 1945–1947 *»nie ein offizielles Wort entschlüpft, das die Vertreibung als solche verurteilt hätte. Im Gegenteil, sie gewährten auch solchen Beiträgen Raum, die sich mit antideutschen Maßnahmen solidarisierten«*.

Wie verblendet auch die tschechischen Bischöfe waren, zeigt ihr Hirtenbrief, den sie bei ihrer ersten Nachkriegskonferenz im November 1945 in Olmütz verfaßten: *»Nicht ein Schatten der Grausamkeit der gewesenen Konzentrationslager darf uns beflecken, weil die Geschichte einen durchdringenden Blick hat und in den späteren Jahren jeder Übergriff so an den Pranger gestellt würde, wie heute die Grausamkeit der Lager in Dachau, Auschwitz oder anderswo.«* Kein Wort zu dem Massaker von Aussig, dem Brünner Todesmarsch, den Morden in Prag!

50 Jahre danach: Aus der Geschichte nichts gelernt

Ein halbes Jahrhundert später ist leider Vertreibung wieder (oder besser: immer noch) ein Mittel der Politik geblieben.

Ob durch den Krieg 1947 zwischen Indien und Pakistan, den griechischen Bürgerkrieg im Norden der Landes nach dem Zweiten Weltkrieg, durch die Kämpfe in Palästina in den Jahren 1947 und 48, den Krieg in Korea seit 1950 oder in Indochina 1954 – die Umsiedlungen und Vertreibungen hörten auch nach dem Zweiten Weltkrieg nie auf. Ob in Asien, Afrika oder Mittelamerika, Flüchtlinge und Vertriebene belasten in allen Jahrzehnten nach dem Zweiten Weltkrieg in Millionenhöhe das Gewissen vieler Politiker, in Vietnam, Laos und Kambodscha, in Biafra, Eritrea, im Oromo-Land, Ruanda und Burundi ebenso wie in den Staaten Mittelamerikas.

Niemand aber hätte vorhergesehen, daß in den 90er Jahren dieses Jahrhunderts auch Ostmitteleuropa wieder Schauplatz neuer Vertreibungen werden würde und daß man ähnlich wie 1945 mit *»Transfer«* nun seit 1991 mit dem Begriff der *»ethnischen Säuberung«* das Verbrechen der Vertreibung im ehemaligen Jugoslawien umschreiben würde. 1990 hätte das niemand für möglich gehalten, als Mauer und Eiserner Vorhang gefallen waren und am 24. November 1990 in Paris die *»Charta für ein neues Europa«* unterschrieben wurde. In dem Kapitel *»Leitsätze für die Zukunft«* versprachen alle Signatare, *»den wertvollen Beitrag nationaler Minderheiten zum Leben unserer Gesellschaften zu fördern [...]«* und sich zu verpflichten, *»deren Lage weiter zu verbessern. Wir bekräftigen unsere tiefe Überzeugung, daß freundschaftliche Beziehungen zwischen unseren Völkern sowie Friede, Gerechtigkeit, Stabilität und Demokratie den Schutz der ethnischen, kulturellen, sprachlichen und religiösen Identität nationaler Minderheiten und die Schaffung von Bedingungen für die Förderung dieser Identität erfordern. Wir erklären, daß Fragen in bezug auf nationale Minderheiten nur unter demokratischen Bedingungen befriedigend gelöst werden können. Ferner erkennen wir an, daß die Rechte von Angehörigen nationaler Minderheiten als Teil der allgemein anerkannten Menschenrechte uneingeschränkt geachtet werden müssen. Im Bewußtsein der* *dringenden Notwendigkeit, im Hinblick auf nationale Minderheiten die Zusammenarbeit zu verstärken und deren Schutz zu verbessern, beschließen wir, ein Expertentreffen über nationale Minderheiten vom 1. bis 19. Juli 1991 in Genf einzuberufen.«*

Aber bereits in der zweiten Jahreshälfte 1991, als diese Konferenz in Genf tagte, hatten die Serben durch Freischärler und durch die meist von Serben geleitete Jugoslawische Volksarmee mehrere Hunderttausende Einwohner Kroatiens aus der Krajina, aber auch aus West- und Ostslawonien vertrieben. Seit 1992 begannen sie mit diesem blutigen Zerstörungswerk auch in Bosnien: Über zwei Millionen Menschen sind dadurch zum Teil bis heute heimatlos geworden, mindestens 200 000 Menschen verloren dabei ihr Leben.

Was in Potsdam noch als *»humane Umsiedlung«* beschönigt wurde, feierte nun nach dem Ende des Kalten Krieges und nach der *»Charta von Paris für ein neues Europa«* als ethnische Säuberung fröhliche Urständ.

Es waren in Kroatien nicht nur Kroaten, sondern auch Ungarn, Slowaken, Tschechen, Ukrainer und Ruthenen, Italiener und auch Deutsche unter den Vertriebenen.
In Bosnien sind außer den drei Staatsvölkern der Muslime, Kroaten und Serben auch Angehörige der ukrainischen Minderheit unter den Vertreibungsopfern, in Sarajevo auch spanische Juden.
Während über Bosnien infolge des lange anhaltenden Krieges noch gesprochen wurde, vergaß man nach dem Waffenstillstand 1992 fast ganz das Vertreibungsgeschehen des Jahres 1991 in Kroatien, ebenso wollte man kaum wahrhaben, daß auch aus Serbien, wo keine Kämpfe stattfanden, Kroaten vertrieben wurden, ebenso aus dem Kosovo. In Bosnien folgte der ethnischen Säuberung auch ein Kulturocid durch systematische Zerstörung aller Moscheen und katholischer Kirchen durch die Serben.

Hunderttausende von Vertriebenen gab es aber auch in Armenien und Aserbaidschan, deren heute selbständige Republiken durch den Krieg seit 1989 um Berg Karabach ethnisch »reiner« wurden.

Wenig bekannt ist, daß in Georgien auch die Abchasen, die selber nur 90 000 Menschen zählen und in ihrer Autonomen Republik nur 16% der Einwohner ausmachten, mit russischer Hilfe bereits 400 000 Georgier verjagten. Zehntausende von Vertriebenen mußten Südossetien verlassen.

Noch mehr als in den Jahren 1945/46 vollzog sich seit 1991 die Vertreibung vor den Augen der Weltöffentlichkeit. Noch nie haben Medien so aktuell und hautnah berichtet wie über den Krieg in Kroatien und Bosnien. EG-Beobachter ließen sich 1991 in Kroatien ebenso wie seit 1992 die UNO in Bosnien zu Buchhaltern des serbischen Terrors degradieren. Darüber hinaus vertrieben die Serben seither ungestört weiterhin Menschen aus Gebieten, in denen kein Krieg herrschte: Ungarn und Kroaten aus Syrmien und aus der Batschka, Muslime aus dem Sandschak und lange vor der Eskalation der Lage auf dem Amselfeld auch katholische Kroaten und Albaner aus dem Kosovo.

Der Krieg im ehemaligen Jugoslawien war kein Bürgerkrieg, wie immer wieder fälschlich behauptet wurde, sondern seit Beginn 1991 ein Aggressions- und Vernichtungskrieg großserbischer Kräfte mit dem Ziel der Vertreibung aller Nichtserben. Es war von Anfang an ein Krieg nicht nur gegen Slowenien und Kroatien, dann gegen Bosnien, sondern auch gegen alle nichtserbischen Volksgruppen in diesem Raum mit dem Ziel der ethnischen Säuberung:

Bereits seit Juli 1991 sind in Slawonien systematisch auch Angehörige nationaler Minderheiten vertrieben und getötet wurden: Ungarn, Tschechen, Slowaken, Ukrainer, Ruthenen und Italiener. Das zerstörte Vukovar war Sitz der Landsmannschaft der Ukrainer-Ruthenen. Bei Pakrac und Lipik wurden auch tschechische Dörfer zerstört, in Ilok litten auch Slowaken. Ja, auch die nach dem Holocaust der Donauschwaben nach dem Zweiten Weltkrieg in Kroatien verbliebenen Deutschen waren wieder betroffen. 429 Deutsche haben 1991 und 1992 in Kroatien durch serbischen Terror ihr Leben verloren, 142 Deutsche sind als kroatische Soldaten gefallen, Hunderte wurden in serbischen Lagern gefangen gehalten und 352 Personen werden immer noch vermißt.

Die teuflischen Konsequenzen der ethnischen Säuberungen zeigten sich auch bei der serbischen Niederlage in der Krajina im August 1995. Obwohl die kroatische Regierung bei der Rückeroberung die Serben aufrief, zu bleiben, verließen sie das Gebiet auf Druck der serbischen Militärs.

Vertreibung ächten, Menschenrechte achten

Es zeigt sich spätestens jetzt, daß neben anderen Faktoren auch das Fehlen eines kodifizierten Volksgruppenrechtes Mitschuld an diesen Geschehnissen trug. In einem Entschließungsantrag vom 31. Juli 1984 hatten 42 Abgeordnete des Europäischen Parlamentes die Grundsätze für ein europäisches Volksgruppenrecht formuliert:

a) Jede nationale und ethnische Gruppe hat den Anspruch, sowohl in der Europäischen Gemeinschaft als auch in jedem EG-Mitgliedstaat in ihren kulturellen, sozialen und politischen Rechten geschützt zu werden,

b) jede Volksgruppe hat das Recht auf uneingeschränkten Gebrauch der eigenen Sprache in allen privaten, gesellschaftlichen oder wirtschaftlichen Beziehungen und in der Öffentlichkeit, bei Behörden und vor Gericht,

c) jegliche Diskriminierung von Volksgruppen und ihren Angehörigen, sowie jede Vertreibung, Assimilierung oder Vernichtung von Volksgruppen sind verboten, ebenso künstliche Veränderungen der demographischen Zusammensetzung eines Gebietes, in dem eine Volksgruppe ansässig ist.

Dieser Antrag hatte vor allem wegen der Einstellung Frankreichs und Englands keinen Chance, angenommen zu werden. So ist es kein Wunder, daß uns seit 1991 im Krieg im ehemaligen Jugoslawien diese beiden Staaten als Verbündete Serbiens begegnen. Mitterands Weigerung, Kroatien und Slowenien anzuerkennen, begründete er damit : *»Dann hätten wir nachträglich den Ersten Weltkrieg verloren!«*

Das Zentralkomitee der deutschen Katholiken hat 1990 in einem Diskussionspapier seiner Kommission 1 *»Zur Zukunft der europäischen Integration«* die Schaffung eines europäischen Volksgruppenrechtes als eine wesentliche Voraussetzung genannt, daß auch *»Heimat für alle in Europa lebenden Volksgruppen erhalten bleiben«* muß. In diesem Beitrag wird auch die Anwendung des Prinzips der personalen Autonomie *»überall dort empfohlen, wo die Angehörigen einer Volksgruppe nicht in geschlossenen Siedlungsgebieten, sondern verstreut leben«* und auf den Mährischen Ausgleich vom Jahre 1905, das Bukowina-Paket von 1910 und das Modell der estnischen Kulturautonomie in der Zwischenkriegszeit hingewiesen. Diese Fragen sind heute aktueller denn je. Alle neuen »Nationalstaaten« in

Ost(mittel)- und Südosteuropa haben auch Volksgruppen und nationale Minderheiten in ihren Grenzen. Wir haben neue Staaten, in denen das namensgebende Titularvolk kaum oder nicht die Mehrheit hat wie in Lettland (52% Letten), Kyrgystan (50%) oder Kasachstan (40%). Die Situation in Bosnien-Herzegowina mit dem Staatsvolk der Muslime, aber auch die Lage in Ruanda und Burundi, wo die mordenden Konfliktparteien die gleiche Sprache sprechen, zwingt uns, den Begriff der Minderheiten und Volksgruppen besser als bisher zu definieren. Dabei zeigt sich, daß die Definition der Föderalistischen Union der Europäischen Volksgruppen (FUEV) immer noch die beste ist, wenn sie *»eine volkliche Gemeinschaft mit eigener Sprache, Kultur oder Tradition«* meint. *»Sie bildet in ihrer Heimat keinen eigenen Staat oder ist außerhalb der Staates ihrer Nationalität beheimatet.«* Nicht umsonst ist für die Anerkennung neuer Staaten auf dem Gebiet der ehemaligen Sowjetunion und auch Jugoslawiens von der Europäischen Gemeinschaft als eine Grundvoraussetzung auch das Recht der nationalen Minderheiten gefordert worden. Leider war dahinter auch viel Heuchelei, da die Sieger von 1918 diese Rechte ihren Volksgruppen und nationalen Minderheiten in Westeuropa zum Teil bis heute vorenthalten.

In der Charta der deutschen Heimatvertriebenen haben die Sprecher aller Landsmannschaften der Vertriebenen im Jahre 1950 betont, daß es heißt, den Menschen im Geist zu töten, wenn er im Zwang von seiner Heimat getrennt wird. Sie versprachen, *»jedes Beginnen mit allen Kräften zu unterstützen, das auf die Schaffung eines geeinten Europas gerichtet ist, in dem die Völker ohne Furcht und Zwang leben können«.*
Sie riefen damals die Völker der Welt auf, ihre Mitverantwortung am Schicksal der Heimatvertriebenen zu empfinden und zu erkennen, daß dieses Schicksal ein Weltproblem ist, dessen Lösung höchste sittliche Verantwortung und Verpflichtung zu gewaltiger Leistung ist.

Im Jahre 1998 ist dieser Aufruf immer noch nicht erfüllt.
Auch in Europa wurde bis zum Vertrag von Dayton weiter ethnisch gesäubert. Trotz Ifor und Sfor wird den meisten Vertriebenen die in Dayton garantierte Rückkehr in ihre alte Heimat verwehrt. Zum 50. Jahrestag der Tragödien von Lidice, Warschau und Auschwitz wurden Feiern mit schönen Reden *(»Nie wieder!«)* gehalten, obgleich zur selben Zeit vertrieben und ethnisch gesäubert wurde.

Vertreibung ist immer noch nicht geächtet, sondern leider ein Mittel der Politik geblieben, wie die Ereignisse seit März 1998 auf dem Kosovo beweisen.

1997 hat die Sub-Commission on Prevention of Discrimination an Protection of Minorities der Vereinten Nationen einen Text erstellt, der mit *»Draft Declaration on Population Transfer and the Implantation of Settlers«* überschrieben ist. Wir bringen die Fassung in der Übersetzung der Gesellschaft für Bedrohte Völker aus ihrem Heft »Pogrom« 200/1998:

»UN-Entwurf für eine ›Erklärung
über Bevölkerungstransfers und die Seßhaftmachung
von Siedlern‹ (1997)

Artikel 1
Diese Erklärung setzt Normen, die in allen Situationen angewandt werden können, einschließlich Friedenszeiten, Krisen und Spannungen, innerstaatliche Gewalt, innerstaatliche bewaffnete Konflikte, gemischte innerstaatliche und zwischenstaatliche Konflikte, gemischte innerstaatliche und zwischenstaatliche bewaffnete Konflikte, zwischenstaatliche Konflikte und Situationen des öffentlichen Notstandes. Die in dieser Erklärung enthaltenen Normen müssen unter allen Umständen berücksichtigt werden.

Artikel 2
Diese Normen sind verbindlich für und anwendbar auf alle Personen, Gruppen und Obrigkeiten ungeachtet ihres gesetzlichen Status.

Artikel 3
Rechtswidrige Bevölkerungstransfers umfassen eine Praxis oder Politik, die den Zweck oder das Ergebnis haben, Menschen in ein Gebiet oder aus einem Gebiet zu verbringen, sei es innerhalb internationaler Grenzen oder über Grenzen hinweg, oder innerhalb eines, in ein oder aus einem besetzten Gebiet ohne die freie und informierte Zustimmung sowohl der umgesiedelten, als auch jeglicher aufnehmenden Bevölkerung.

Artikel 4
1. Jeder Mensch hat das Recht in Frieden, Sicherheit und Würde in seiner Wohnstätte, in seiner Heimat und in seinem Land zu verbleiben.
2. Niemand darf dazu gezwungen werden, seine Wohnstätte zu verlassen.

3. Die Verbringung einer Bevölkerung oder von Bevölkerungsteilen darf nicht angeordnet, angeregt oder durchgeführt werden, es sei denn, ihre Sicherheit oder zwingende militärische Gründe verlangen es. Alle auf diese Weise verbrachten Personen haben das Recht, unmittelbar nach Beendigung der Umstände, die ihren Ortswechsel erzwungen haben, zu ihren Wohnstätten, in ihre Heimat oder an ihre Herkunftsorte zurückzukehren.

Artikel 5

Die Besiedlung eines besetzten oder umstrittenen Gebiets durch die Besatzungsmacht bzw. die es faktisch beherrschende Macht mit Teilen ihrer eigenen Zivilbevölkerung, sei es durch Transfer oder Anreize, ist rechtswidrig.

Artikel 6

Jedwede Praxis oder Politik, die das Ziel oder den Effekt hat, die demographische Zusammensetzung einer Region, in der eine nationale, ethnische, sprachliche oder andere Minderheit oder eine autochthone Bevölkerung ansässig ist, zu ändern, sei es durch Vertreibung, Umsiedlung und/oder durch die Seßhaftmachung von Siedlern oder eine Kombination davon, ist rechtswidrig.

Artikel 7

Bevölkerungstransfers oder -austausche können nicht durch internationale Vereinbarungen legalisiert werden, wenn sie grundlegende Bestimmungen der Menschenrechte oder zwingende Normen des Völkerrechts verletzen.

Artikel 8

Jeder Mensch hat das Recht, in freier Entscheidung und in Sicherheit und Würde in das Land seiner Herkunft sowie innerhalb dessen an den Ort seiner Herkunft oder freien Wahl zurückzukehren. Die Ausübung des Rückkehrrechts schließt das Recht der Opfer auf angemessene Wiedergutmachung nicht aus, einschließlich der Rückgabe von Gütern, die ihnen im Zusammenhang mit dem oder als Ergebnis des Bevölkerungstransfers entzogen wurden, Entschädigung für jegliches Eigentum, das ihnen nicht zurückgegeben werden kann und allfällige andere, völkerrechtlich vorgesehene Reparation.

Artikel 9

Die oben genannten Praktiken des Bevölkerungstransfers stellen Völkerrechtsverstöße dar, die sowohl staatliche Verantwortlichkeit, als auch individuelle strafrechtliche Verantwortung begründen.

Artikel 10
Wo durch diese Erklärung verbotene Taten oder Unterlassungen begangen werden, sind die internationale Gemeinschaft als ganze und die einzelnen Staaten dazu verpflichtet: a) die durch solche Taten geschaffenen Situationen nicht als rechtmäßig anzuerkennen; b) im Falle laufender Vorgänge die sofortige Beendigung und die Rückgängigmachung ihrer schädlichen Folgen sicherzustellen; c) dem Staat, der eine solche Tat begangen hat oder noch begeht, bei der Aufrechterhaltung oder Verstärkung der dadurch geschaffenen Situation keine Hilfe, Beihilfe oder Unterstützung zu gewähren, sei es finanziell oder in anderer Form.

Artikel 11
Die Staaten sollen Maßnahmen ergreifen, die die Verhinderung von Bevölkerungstransfers und der Seßhaftmachung von Siedlern zum Ziel haben, einschließlich des Verbots der Anstachelung zum rassischen, religiösen oder sprachlichen Haß.

Artikel 12
Nichts in diesen Artikeln darf so ausgelegt werden, daß es den Rechtsstatus irgendeiner Obrigkeit oder von Gruppen oder Personen berührt, die in Situationen von innerstaatlicher Gewalt oder von Krisen und Spannungen oder des öffentlichen Notstandes involviert sind.

Artikel 13
1. Nichts in diesen Artikeln darf so ausgelegt werden, daß es die Anwendung der Bestimmungen gleich welcher internationaler humanitärer oder menschenrechtlicher Instrumente beschränkt oder beeinträchtigt.
2. Falls unterschiedliche Normen auf dieselbe Situation anwendbar sind, soll diejenige Bestimmung gelten, die den größtmöglichen Schutz für von Bevölkerungstransfers betroffene Einzelpersonen oder Gruppen bietet.«

Eine Verabschiedung dieser Erklärung durch die UN-Generalversammlung ist ein Gebot der Stunde!

Deutlich äußerte sich dazu György Konrád 1998:
»Die gewaltsame Trennung des Menschen von seinem Wohnort ist halber Mord«, erklärte der Präsident der Berliner Akademie der Künste bei der Eröffnung des Center for Advanced Central European Studies an der Universität Viadrina in Frankfurt an der Oder. Konrád, der von 1990 bis

1993 auch Präsident des Internationalen PEN-Clubs war, verurteilte in seiner Rede scharf und mit einprägsamen Worten jede Form von Vertreibung, Deportation oder »ethnischer Säuberung«. In sein Verdikt schloß der ungarisch-jüdische Schriftsteller und Soziologe, dessen Eltern nach Auschwitz deportiert wurden, ausdrücklich die Vertreibung der Deutschen aus ihren östlichen Heimatgebieten nach 1945 ein.
»Die Donauschwaben, die Siebenbürger und die Zipser Sachsen, deutschsprachige nichtdeutsche Staatsbürger, besaßen ein Recht darauf, dort zu leben, wo sie lebten, wo sich ihre Ahnen einst angesiedelt hatten«, erklärte der 1933 in Debrecen nahe der rumänischen Grenze geborene Konrád. Die nazistischen Deportationen hätten nicht die Aussiedlung der in Ungarn gebürtigen Schwaben legitimieren können. »Die Tat ist eine ähnliche, nur Täter und Opfer sind andere«.
Wie die Charta der Heimatvertriebenen auch das Recht auf die Heimat hervorhebt, betont dies auch György Konrád. »Das Recht des Menschen«, erklärte er, »auf jenes Territorium, jene Gegend, jene Siedlung, wo er lebt, wo er gelebt hat, wo seine Vorfahren gelebt haben, ist ein elementares und grundlegendes Menschenrecht«. Ausdrücklich sagte Konrád auch, Deportationen von Menschen oder die mit Drohungen einhergehende Vertreibung von ihrem Wohnort seien »ein zu verfolgendes Verbrechen«. Die Zwangsaussiedlung eines Menschen sei auch nichts anderes, als »seinem Körper Wunden beizubringen, Qualen zuzufügen«.

Die Charta der Heimatvertriebenen von 1950 verlangte:
»Die Völker sollen handeln, wie es ihren christlichen Pflichten und ihrem Gewissen entspricht.«
Muß man so pessimistisch sein, um anzunehmen, Europa habe kein Gewissen mehr? Hat es nur Interessen einiger egoistischer Regierungen, aber keine Prinzipien?

Die große deutsche Dichterin hugenottischer Abstammung, Gertrud von Le Fort, schrieb, zu Kriegsende erschüttert vom Schicksal der Vertriebenen:
»Und du willst dein Dach retten, christloses Abendland!«

Ihr Anruf gilt auch heute, ein Aufruf zur Besinnung und Umkehr.

Wenn Sie mehr zum Thema Vertreibung wissen wollen: Kleine kommentierte Bibliographie

Die Titel der wichtigsten Literatur zum Thema ethnische Säuberung und Vertreibung füllen ganze Bände, daher sei hier nur eine kleine Auswahl wichtiger Publikationen für den Leser versucht, der sich mehr mit diesem Thema beschäftigen will.

Die Belege zum ersten Kapitel dieses Büchleins mit den Angaben über die Vertreibung der Tscherkessen und Tschetschenen habe ich in meinem Beitrag für den Begleitband zur Ausstellung *»Odsun. Die Vertreibung der Sudetendeutschen«* angeführt[1]. Die Ausstellung wurde 1995 zum 50. Jahrestag der Vertreibung vom Sudetendeutschen Archiv in München erstellt und seitdem auch in anderen Städten gezeigt, so auch in Straßburg im Europäischen Parlament.
Für diesen Band hat Susanne Habel eine elf Seiten umfassende Bibliographie zum Vertreibungsthema zusammengestellt[2].

Während sonst viele Veröffentlichungen zum Thema Vertreibung meist nur das Schicksal der eigenen betroffenen Volksgruppe behandeln, hat Wilfried Schlau für die AWR (Forschungsgesellschaft für das Weltflüchtlingsproblem – Association for the Study of the World Refugee Problem) die Berichte eines Symposions herausgegeben, auf dem das Internationale Expertenkomitee Soziologie der AWR 1976 in Marburg die Ausgangslage des Prozesses der Dekolonisation und seine demographischen und sozialen Fragen für Europa behandelte[3]. Reduktion, Umsiedlung, Repatriierung, Verdrängung, Abwanderung und Vertreibung folgender ethnischer Gruppen werden darin beschrieben:
Finnlandschweden; Baltendeutsche; Polen in der Sowjetunion; Deutsche in Polen; Tschechen und Slowaken in der ehemaligen Donaumonarchie und in der Ukraine; Deutsche in der Tschechoslowakei, Ungarn, Jugoslawien, Rumänien und Rußland; Ungarn in den durch Trianon verlorenen Gebieten der Stephanskrone; Türken auf dem Balkan, Griechen im ehemaligen Osmanischen Reich; Italiener in Julien, Istrien und Dalmatien; Belgier im Kongo und Portugiesen in Afrika.

Leider ist es zu keiner Fortsetzung dieses Symposions gekommen. Wohl aber hat das *AWR-Bulletin* diese Thematik ständig weitergeführt und behandelt[4]. Es bringt auch laufend Bibliographien und Rezensionen von Werken zu diesem Thema.

Unentbehrlich zum Thema von Umsiedlungen und Vertreibungen in Ost(mittel)europa sind die vier Bände des Werkes *»Menschen und Grenzen«* von Alfred Bohmann, dem wir auch verschiedene andere Werke zu diesem Thema zu verdanken haben[5].
Alle vier Bände zeichnen sich durch die wohl besten Statistiken, Literaturhinweise, detaillierte Beschreibung von Grenzveränderungen und Bevölkerungsverschiebungen aus und beinhalten auch wichtige Texte von Verträgen und Umsiedlungsabkommen und -vereinbarungen im östlichen Europa.

Für die deutschen Vertriebenen können hier nur die wichtigsten Dokumentationen und Schriften genannt werden, die von großangelegten mehrbändigen Standardwerken[6] bis zu wertvollen Broschüren, Heften und Kleinschriften reichen, in denen von den einzelnen Landsmannschaften der Vertriebenen solide und objektiv informiert wird[7].

Unentbehrlich sind die vier Bände *»Das Recht auf die Heimat«* mit Vorträgen und Diskussionsbeiträgen von vier Fachtagungen, die vom Albertus-Magnus-Kolleg Königstein und der Evangelischen Akademie Arnoldshain in den Jahren 1957 bis 1959 durchgeführt wurden und deren Herausgabe Kurt Rabl übernahm (München 1957–1960).

Manche nichtdeutschen Vertriebenenverbände des Auslandes haben ebenfalls in westlichen Sprachen ihr Schicksal dokumentiert[8].

Über die Lage der christlichen Volksgruppen in der Levante und im Nahen Osten hat die Göttinger Gesellschaft für bedrohte Völker seit Jahren im deutschen Sprachraum am meisten informiert[9], darüber hinaus buchstäblich über ethnische Säuberungen und Vertreibungen in der ganzen Welt[10], seit dem Kriegsausbruch 1991 besonders auch über die Vertreibungen im ehemaligen Jugoslawien[11].

Über die kleinasiatische Tragödie der Griechen ist 1972 zum 50. Jahrestag ein Sonderheft der *»Nea Estia«* (leider nur in Neugriechisch) erschienen. Literatur dazu findet der Interessierte in dem Artikel von D. Costantopoulos in dem

Werk von W. Schlau *»Bedingungslose Heimkehr«* (s. Anm. 3). Zu den Istanbuler Kriegsverbrecherprozessen liegt das Buch von Taner Akçam vor: *Armenien und der Völkermord. Die Istanbuler Prozesse und die türkische Nationalbewegung. Hamburg 1996.*

Zum Holocaust der Juden sei auf die Bibliographien in solchen Werken verwiesen wie: *Encyclopaedia Judaica oder Lexikon des Judentums*[12].

Für die Sinti und Roma hat Romani Rose eine Dokumentation erstellt: *Der nationalsozialistische Völkermord an den Sinti und Roma*[13].

Zum Thema *»Kirche und Vertreibung«* hat für die katholischen Vertriebenen der Publizist Franz Lorenz eine Dokumentation *»Schicksal Vertreibung. Aufbruch aus dem Glauben«* erstellt[14]. Vieles Material dazu, das seit 1945 die Kirchliche Hilfsstelle den Vertriebenenpriestern zustellte, ist heute schwer zugänglich. Nur ein Teil ist in der Festschrift *»Not ist Anruf Gottes«* zum Diamantenen Priesterjubiläum von Pater Paulus Sladek OSA ediert[15].

Literarische Texte zu Flucht und Vertreibung haben u. a. Ernst-Edmund Keil und Louis Ferdinand Helbig gesammelt und analysiert, sich dabei aber nur auf deutsche Autoren beschränkt[16].

Wie sehr das Los der Vertreibung nach 1945 auch nicht vertriebene deutsche Autoren bewegte, zeigt die Studie des französischen Germanisten Joel Pottier über Gertrud von Le Fort[17].

Daß heute das Vertreibungsthema auch in anderen Literaturen nach seiner Tabuisierung in kommunistischer Zeit aktuell wird, verdeutlichen der Roman *»Unter dem Mittagsstein«* des Tschechen Zdeněk Šmid[18] und Aussagen tschechischer Schriftsteller[19]. Die im Text zitierten Werke von Elias Canetti, Franz Werfel, Nikos Kazantsakis oder Ilias Venesis sind alle leicht zugänglich.

Anmerkungen

[1] R. Grulich, Ethnische Säuberung und Vertreibung als Mittel der Politik im 20. Jahrhundert. In: Odsun. Die Vertreibung der Sudetendeutschen. Begleitband zur Ausstellung. Hg. vom Sudetendeutschen Archiv. München 1995. S. 15-34.

[2] Odsun, S. 538-548.

[3] Wilfried Schlau (Hg.), Bedingungslose Heimkehr. Der Prozeß der Dekolonisation und seine demographischen und sozialen Folgen in Europa. Die Ausgangslage. 1. Teil. Frankfurt 1979.

[4] Das AWR-Bulletin erscheint vierteljährlich im Wilhelm Braumüller Verlag Wien.

[5] Alfred Bohmann, Strukturwandel der deutschen Bevölkerung im polnischen Staats- und Verwaltungsbereich (=Menschen und Grenzen 1). Köln 1969.
Alfred Bohmann, Bevölkerung und Nationalitäten in Südosteuropa (=Menschen und Grenzen 2). Köln 1969.
Alfred Bohmann, Strukturwandel der deutschen Bevölkerung im sowjetischen Staats- und Verwaltungsbereich (=Menschen und Grenzen 3). Köln 1970.
Alfred Bohmann, Bevölkerung und Nationalitäten in der Tschechoslowakei (=Menschen und Grenzen 4). Köln 1975.
Unter dem Namen A. Eißner veröffentlichte Bohmann auch: Bevölkerungsprobleme im europäischen Osten. Bonn-Brüssel-New York 1965.

[6] Dokumentation der Vertreibung der Deutschen aus Ost-Mitteleuropa, in Verbindung mit Adolf Diestelkamp, Rudolf Laun, Peter Rassow (ab Band I/3 auch Werner Conze) bearb. von Theodor Schieder, hrsg. vom Bundesministerium für Vertriebene, Flüchtlinge und Kriegsgeschädigte. 5 Bände, 3 Beihefte. Bonn 1953–1961. Unveränd. Nachdruck München 1984.
Band I, 1-3: Die Vertreibung der deutschen Bevölkerung aus den Gebieten östlich der Oder-Neisse.
Band II: Das Schicksal der Deutschen in Ungarn.
Band III: Das Schicksal der Deutschen in Rumänien.
Band IV, 1-2: Die Vertreibung der deutschen Bevölkerung aus der Tschechoslowakei.
Band V: Das Schicksal der Deutschen in Jugoslawien.
Vertreibung und Vertreibungsverbrechen 1945–1948. Bericht des Bundesarchivs vom 28. März 1974. Archivalien und ausgewählte Erlebnisberichte. Bonn 1989.
Eine Zusammenfassung der Literatur bis 1989 bietet: Gertrud Krallert-Sattler: Kommentierte Bibliographie zum Flüchtlings- und Vertreibungsproblem in der Bundesrepublik Deutschland, in Österreich und in der Schweiz. (=Abhandlungen zu Flüchtlingsfragen Vol. XX). München-Wien 1989.

Der über 900 Seiten umfassende Band enthält auch Abschnitte wie »Die Entstehung des deutschen Vertriebenen- und Flüchtlingsproblems«, in denen die Umsiedlungsverträge und Umsiedlungen seit 1939 bibliographisch erfaßt sind.
Eine Fortschreibung bis heute liefert Frau Krallert-Sattler in: Wilfried Schlau, Die Ostdeutschen – eine dokumentarische Bilanz 1945–1995 (=Band 12 der Studienbuchreihe der Stiftung Ostdeutscher Kulturrat), München 1996. Seite 183-279.

[7] So z. B. die Kulturellen Arbeitshefte des Referates für Kultur und staatsbürgerliche Bildung des Bundes der Vertriebenen in Bonn. Sie enthalten jeweils auch eine Bibliographie zum Thema. Einige dieser Hefte liegen in verschiedenen Auflagen vor. Das Thema der Vertreibung behandeln u. a. diese Hefte:
Heft 2 Deutsches Schicksal im Osten – Die Deutschen in Mittel-, Ost- und Südosteuropa.
Heft 3 Die Rußlanddeutschen. 2. Aufl. 1984.
Heft 11 Die Deutschen in der Tschechoslowakei. 2. Aufl. 1985.
Heft 13 Die Buchenlanddeutschen. 3. Aufl. 1992.
Heft 15 Die baltischen Lande. Von der Aufsegelung bis zur Umsiedlung. 3. Aufl. 1991.
Heft 16 Die Sudetendeutschen – Eine Volksgruppe im Herzen Europas. 4. Aufl. 1995.
Heft 18 Vierzig Jahre Arbeit für Deutschland – Die deutschen Vertriebenen. 2. Aufl. 1991.
Heft 19 Die Donauschwaben. 2. Aufl. 1995.
Heft 20 Oberschlesien – das Land und seine Menschen. 3. Aufl. 1995.
Heft 22 Die Charta der Heimatvertriebenen.
Heft 23 Die deutsche Ostsiedlung. 3. Aufl. 1993.
Heft 24 Kleine Geschichte Schlesiens. 4. Aufl. 1994.
Heft 25 Die Deutschen im Osten. 2. Aufl. 1992.
Heft 28 Die Siebenbürger Sachsen. 3. Aufl. 1994.
Heft 29 Die Vertreibung der Deutschen – Unbewältigte Vergangenheit Europas. 3. Aufl. 1994.
Heft 31 Das Memelland.
Heft 32 Kleine Geschichte West- und Ostpreußens.
Heft 33 Die Banater Schwaben.

[8] Zum Beispiel die Karelier in Finnland, die Italiener aus Istrien und Dalmatien, verschiedene ungarische Auslandsgruppen u. a.
Die meisten dieser Grupen arbeiten auch in der FUEV mit. Die Adressen aller FUEV-Mitglieder sind im Sekretariat der FUEV in verschiedenen Broschüren erhältlich.

[9] Verschiedene Themenhefte der Zeitschrift »Pogrom« befaßten sich mit den Armeniern und Assyrern bzw. der heutigen Lage der nationalen und religiösen Minderheiten in der Türkei.
Dazu erschienen auch in der Reihe Pogrom Taschenbücher Titel wie: Der Völkermord der Armenier vor Gericht. Der Prozeß Talaat Pascha. Göttingen 1980.

Das Verbrechen des Schweigens. Die Verhandlung des türkischen Völkermordes an den Armeniern vor dem Ständigen Tribunal der Völker. Vorwort von Tessa Hofmann. Göttingen 1985.
Dazu auch: Armenien. Völkermord, Vertreibung, Exil. Menschenrechtsarbeit für die Armenier 1979–1987. Herausgegeben von Tessa Hofmann und Gerayer Koutscharian. Göttingen 1987.

[10] Pogrom Taschenbücher. Reihe bedrohte Völker.
Z. B. Gèrard Chaliand (Hg.), Kurdistan und die Kurden. Bd. 1-3. Göttingen 1988 ff. u. a.

[11] Dazu verschiedene Themenhefte Pogrom und die laufende Berichterstattung in dieser Zeitschrift.
Auch: Tilman Zülch (Hg.), »Ethnische Säuberung« – Völkermord für Großserbien (=Luchterhand Flugschrift 3). Köln 1993.
Roy Gutman, Augenzeuge des Völkermordes. Mit einem Nachwort von T. Zülch. Göttingen 1994.

[12] Karten der Deportationen in: J. Bacou, The illustrated Atlas of Jewish Civilization. London 1990.

[13] Hgg. 1995 vom Dokumentations- und Kulturzentrum Deutscher Sinti und Roma. Zwingerstr. 18, 69117 Heidelberg.

[14] Franz Lorenz (Hg.), Schicksal Vertreibung. Aufbruch aus dem Glauben. Dokumente und Selbstzeugnisse vom religiösen, geistigen und kulturellen Ringen. Köln 1980.

[15] Rudolf Ohlbaum (Hg.), Not ist Anruf Gottes. München-Königstein 1992.

[16] Ernst-Edmund Keil, Vertrieben… Literarische Zeugnisse von Flucht und Vertreibung. Eine Auswahl aus Romanen, Erzählungen, Gedichten, Tagebüchern und Zeichnungen der Jahre 1945-46. Gesammelt von E.-E. Keil mit einem historischen Exkurs von Hans-Werner Rautenberg. Bonn 1985.
Louis Ferdinand Helbig, Der ungeheure Verlust. Flucht und Vertreibung in der deutschsprachigen Belletristik der Nachkriegszeit (=Studien der Forschungsstelle Ostmitteleuropa an der Universität Dortmund Band 3). Wiesbaden 1988.
L. F. Helbig – Johannes Hoffmann – Doris Kraemer, Verlorene Heimaten, neue Fremden. Literarische Texte zu Krieg, Flucht, Vertreibung, Nachkriegszeit (=Veröffentlichungen der Forschungsstelle Ostmitteleuropa an der Universität Dortmund. Reihe B, Band 53). Dortmund 1995.

[17] Joel Pottier, »Und du willst dein Dach erretten, christloses Abendland!« Gertrud von Le Forts Anteilnahme am Schicksal der Vertriebenen (=Deutschland und seine Nachbarn 17). Bonn 1996.

[18] Zdenek Smid, Unter dem Mittagsstein. Berlin 1992.

[19] Franz Schäfer (Hg.), Tschechische Stimmen zur Vertreibung. Rückblick und aktuelle Tendenzen.(=Deutschland und seine Nachbarn 14). Bonn 1996

Erklärung zur Gründung und zu den Zielen des
Internationalen Instituts für Nationalitätenrecht und Regionalismus

Ein immer deutlicher werdendes Phänomen unserer Zeit ist das Anwachsen und die Intensivierung von Nationalitätenkonflikten in fast allen Kontinenten. Es zeigt sich, daß weder die Polarisierung infolge des hegemonialen Machtkampfes zwischen West und Ost, noch die ideologischen gesellschaftlichen und wirtschaftlichen Konfrontationen in den Umbrüchen der Gegenwart oder der Gegensatz zwischen Nord und Süd auf globaler Ebene ein Problem zu verdrängen vermochten, das seine Wurzeln in der geschichtlich geformten Gruppenexistenz des Menschen hat. Angesichts des weltumspannenden Strebens nach Selbstbestimmung, Freiheit und Unabhängigkeit, nach Partizipation und echter Partnerschaft von Freien und Gleichen, erscheinen die noch dem europäischen 19. Jahrhundert zuzurechnenden Lösungsformen des »Nationalstaates« und mechanischer »Mehrheitsherrschaft« immer unzureichender. Der Wille sich selbst zu bestimmen, über das eigene Schicksal selbst zu verfügen, sich von überkommenen Machtstrukturen zu emanzipieren, macht nicht mehr an den Grenzen der Mehrheitsvölker oder der etablierten Staaten Halt. Dies um so weniger als der einzelne Staat kaum irgendwo noch in der Lage ist, allein und auf sich gestellt mit den großen Zeitfragen fertig zu werden und von daher ausschließlicher Bezugspunkt seiner Bevölkerung zu sein.
Da nur neun Prozent der Staaten der heutigen Welt ethnisch homogen sind, in allen anderen Fällen aber in verschiedenem Maße ethnisch, sprachlich oder auch kulturell-geistig unterschiedlich fixierte Mehrheiten und Minderheiten miteinander leben müssen, ist ein Konfliktpotential gegeben, das nicht nur aus sich selbst beträchtliche Teile der gegenwärtigen Staatenstruktur in aller Welt gefährdet und in Frage stellt, sondern das vor allem auch zur Ausbeutung durch interessierte Mächte einlädt. Der Nationalitätenkonflikt wird damit zum Material und zum Anlaß für Interventionen von außen. Er liefert den Zündstoff und die Rechtfertigung für Stellvertreterkriege und die Motivation für die Anhäufung von Rüstungen. Ohne zureichenden Lösungsansatz setzt er eine Spirale von Entrechtungen, Terror und Vergeltung in Gang, die oft genug von dritter Seite beschleunigt und benützt, in manchen Gebieten bereits den internationalen Frieden gefährdende Ausmaße erreicht.
Nur sehr wenige Staaten haben bisher auf national-innerstaatlicher Ebene oder bilateral in Abmachungen mit Nachbarstaaten diesem Problem gebührend Rechnung getragen. Auch im Internationalen Recht steht es nicht besser. Die Verlagerung des früheren (ohnehin mangelhaften) Minderheitenrechts auf den individuellen Menschenrechtsschutz geht am Kern dieser Frage vorbei. Das heute im Mittel-

punkt weltweiter Debatten stehende individuelle Menschenrecht vermag selbst im Falle loyalster Anwendung nicht zu verhindern, daß der einzelne infolge seiner Zugehörigkeit zu einer anders als die Mehrheit strukturierten Gruppe in der Alltagswirklichkeit diskriminiert oder daß der Gruppe als solcher der Lebens- und Entfaltungsraum genommen wird. Die Vereinten Nationen versuchen erst in jüngster Zeit dieser Frage gerecht zu werden, indem sie im sogenannten Capotorti-Bericht (E/CN.4/Sub.2/384) das Projekt einer Deklaration über die Rechte der Minderheiten vorschlagen, die den »Regierungen in der Anwendung der im Artikel 27 des Internationalen Paktes über bürgerliche und politische Rechte enthaltenen Bestimmungen behilflich sein würde«. Es ist aber kaum anzunehmen, daß eine bloße Deklaration als Empfehlung an die Staaten die in diesem Bereich sich immer mehr abzeichnende Konfliktsituation grundlegend verändern wird. Wirkliche Abhilfe könnten vermutlich nur beispielhaft großzügige Lösungen in dem einen oder anderen Krisengebiet erreichen, die dann gerade durch die Abwendung bereits allgemein bewußter Gefahren eine entsprechende Ausstrahlungskraft besitzen würden.
Es ist die Auffassung der im INTERNATIONALEN INSTITUT FÜR NATIONALITÄTENRECHT UND REGIONALISMUS zusammenarbeitenden Persönlichkeiten, daß in einem zu entwickelnden Nationalitätenrecht (Volksgruppenrecht) und in den Prinzipien regionalistischer Eigenständigkeit und Selbstbestimmung Instrumente der Konfliktentschärfung und der Friedenssicherung geschaffen werden können, die einer bloßen Anheizung und Ausnützung solcher Krisen durch Dritte entgegenwirken. Unbeeinflußt von ideologischen oder machtpolitischen Parteinahmen, die Sympathien und Antipathien nach Kriterien verteilen, die oft nichts mit dem in Frage stehenden Problem zu tun haben, will das INSTITUT in der Bearbeitung dieser Materie einem Rechtsverständnis dienen, das sich nicht an der bloßen Zahl und den überkommenen Machtstrukturen orientiert, sondern qualitativ vom Eigenrecht jeder geschichtlich gewachsenen Menschengruppe und der freien Entfaltung von Regionen ausgeht, die beide zusammen erst die echte Partizipation der Menschen an der Leitung ihrer Geschicke ermöglichen. Dies in der Überzeugung, daß eine solche Gliederung und damit Relativierung des Nationalstaates nicht Zerstückelung bedeutet, sondern im Gegenteil den Weg öffnet für jene notwendige großräumige Zusammenarbeit in kontinentalen Einheiten, die bisher eher blockiert als realisiert wird.
Von dieser Sicht und diesen Grundsätzen ausgehend, will das INSTITUT in Zusammenarbeit mit allen Einrichtungen, die gleiche oder ähnliche Ziele verfolgen und vor allem in einem engen Kontakt mit den von diesen Problemen direkt betroffenen Menschengruppen Vorarbeiten leisten, die aus dem engen Bereich bloßer momentaner Interessenpolitik herausführen. Der Öffentlichkeit soll damit neues Verstehen vermittelt und Forschungsresultate sowie objektive Informationen jenen an die Hand gegeben werden, die für konkrete Entscheidungen die Verantwortung tragen.